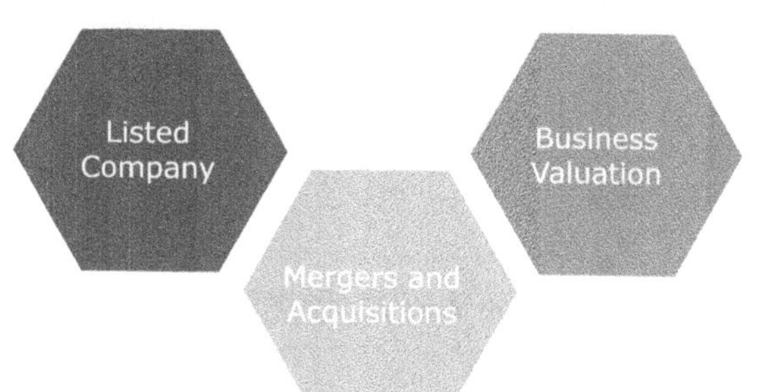

上市公司并购重组企业价值评估研究

Research on Business Valuation of Mergers and Acquisitions of Listed Companies

张晓慧 著

首都经济贸易大学出版社
Capital University of Economics and Business Press
·北 京·

图书在版编目(CIP)数据

上市公司并购重组企业价值评估研究/张晓慧著. -- 北京：首都经济贸易大学出版社，2021. 4

ISBN 978-7-5638-3214-9

Ⅰ. ①上… Ⅱ. ①张… Ⅲ. ①上市公司—企业兼并—价值论—研究—中国 Ⅳ. ①F279.246

中国版本图书馆 CIP 数据核字(2021)第 055085 号

上市公司并购重组企业价值评估研究

张晓慧 著

SHANGSHI GONGSI BINGGOU CHONGZU QIYE JIAZHI PINGGU YANJIU

责任编辑 佟周红 陈雪莲

封面设计 风得信·阿东 FondesyDesign

出版发行 首都经济贸易大学出版社

地　　址 北京市朝阳区红庙（邮编 100026）

电　　话 (010)65976483 65065761 65071505(传真)

网　　址 http://www.sjmcb.com

E - mail publish@cueb.edu.cn

经　　销 全国新华书店

照　　排 北京砚祥志远激光照排技术有限公司

印　　刷 人民日报印刷厂

成品尺寸 170 毫米×240 毫米 1/16

字　　数 152 千字

印　　张 10

版　　次 2021 年 4 月第 1 版 2021 年 4 月第 1 次印刷

书　　号 ISBN 978-7-5638-3214-9

定　　价 36. 00 元

前　　言

2005 年以来，企业并购重组在全球范围内迅猛发展，更多集中在资源、技术和资本密集型行业。伴随着经济全球化趋势的演进和中国经济的迅速崛起，企业获得了更广阔的发展空间与机会，同时也面临着更复杂的竞争风险环境。企业为了增强竞争力，实现产业升级和资源的优化配置，通常寻求并购重组以增强自身实力，因此中国上市公司近年并购重组市场规模不断扩大。如何对企业资产进行合理价值评估，并以此作为交易定价的基础就成为理论界和实务界重点关注的问题。本书基于 2012—2014 年中国证监会并购重组委员会审核的所有并购重组项目的相关数据资料进行样本筛选、整理和分析，首先，对中国上市公司并购重组企业价值评估的现状进行实证研究，挖掘并购重组企业价值评估的规律性问题；其次，对目前我国企业价值评估对并购市场溢价的影响进行实证研究；最后，基于上市公司并购重组企业价值评估的现状以及企业价值评估对并购市场溢价的影响，分析当前并购重组企业价值评估存在的问题并提出改进建议。

在上市公司并购重组企业价值评估现状的实证研究方面，本书围绕评估主体、评估客体、价值类型、并购重组实施周期、评估方法、业绩承诺和评估结论等七大类要素十二项指标对 2012—2014 年中国证监会并购重组委员会审核通过的发行股份购买资产并购重组类型项目企业价值评估相关的主要数据进行搜集、整理和分析，主要样本数量为 422 个。本书主要研究结论如下：①随着时间的推移，审核会议次数、审核项目数每年都有较大提升；②发行股份购买资产项目在全部并购重组类型中占有绝对优势，并随着时间推移其所占比重不断增加；③参与上市公司并购重组企业价值评估业务的主体主要集中在少数资产评估中介机构，具有一定的垄断性特征；④目标企业股权比例大于50%的报告所占比重具有绝对优势，100%的股权交易所占比重也达2/3以上，说明目前上市公司并购重组的目的更多的是取得对目标企业的控制权；⑤在并购重组目标企业行业分类中，信息传输、软件和信息技术服务业以及文化、体育和娱乐业作为目标企业所占比重上升速度较快，而采矿业、建筑业和餐饮业作为目标企业的比重有一定程度的下降；⑥并购重组中绝大多数目标企业均为非上市企业，占有绝对优势；⑦所有的422份样本资产评估报告中采用的价值类型均为市场价值；⑧并购重组审核周期和实施周期长，效率低；⑨业绩承诺所占比例较高，已经变成一种常态；⑩资产评估报告最终评估结论采用收益法的所占比例为70%以上，是三种传统方法中应用比例最高的，其次是资产基础法，所占比例接近30%，最后是市场法，所占比例仅为1.18%；⑪收益法评估中采用间接途径的比例占有绝对优势，收益期限大部分均为无限期；⑫最终使用基础法的评估报告中制造业所占比例最高，其次是采矿业；⑬并购规模逐年扩大，在研究期间内呈倍数增长；⑭在采用资产基础法的样本中，采矿业及房地产业增值率最高，在采用收益法的样本中，除采矿业以外，信息技术和科学研究、技术服务业增值率最高。

基于对中国上市公司并购重组企业价值评估现状的实证分析，本书重新界定了并购市场溢价，通过多元回归分析法检验不同因子和并购市场溢价的相关性来分析我国企业价值评估因素对并购市场溢价的影响。本书根据协同理论和有效市场假说理论，计算并购重组实施前并购方和目标企业的市场价格之和并与并购实施后上市企业的市场价格之和进行对比，将二者之间的差额界定为并购市场溢价。计算并购市场溢价需要搜集的数据包括：152个样本上市公司并购重组方案公告日的股票收盘价和方案公告日的股本情况、上市公司并购重组中目标企业股权的交易价格、并购方以自有现金支付的数额以及并购重组方案实施日样本公司的股票收盘价和股本数据等。另外，本书选取并购规模因子、行业因子及企业品质因子对并购市场溢价的影响做实证分析，其中并购规模因子数据来源于目标企业评估值，行业因子来源于并购重组方案实施日的分行业指数与并购重组方案公告日的分行业指数的差额，企业品质因子数据来源于基于资产评估机构对目标企业收益预期来计算的评估基准日后预期三年净利润的平均增长值。本书采用多元回归方法对并购规模因子、行业因子、企业品质因子对并购市场溢价的影响进行了实证检验，从回归结果可以看出，在95%的置信区间内，并购规模因子、行业因子和企业品质因子的t值均通过了显著性检验。在这三个并购市场溢价的影响因子中，并购规模因子和企业品质因子的数据都来源于上市公司并购重组中目标企业价值的评估报告，而这些企业价值评估因子对并购市场溢价都有显著影响。因此，上市公司并购重组资产评估报告中对于目标企业的价值评估结果的准确度要进一步提升，从而为并购重组参与各方和公众投资者提供更合理的参考意见。

基于实证研究结论，本书提出了目前上市公司并购重组企业价值评估存在的问题和改进建议。目前存在的问题主要体现在收益法的运用、业绩承诺事项、并购重组实施周期、借鉴国外发达国家经验以及评估报告事项的披露方面。针对收益法中收益额的预测问题，本书搜集2012—2014年我国证监会并购重组委员会审核的上市公司并购重组报告中未来收益预测的数据，并与并购完成后上市公司披露的目标企业对上市公司的收益贡献共194组数据进行对比，分析偏离程度，证明了收益实际值与资产评估预测值相比具有较大的偏离，建议评估人员在收益预测时考虑并购重组因素可能会带来的影响，同时建议资产评估行业建立完备的数据库，以提高行业分析专业水平。在折现率的测算方面，将其分解为债务成本率和股权成本率进行分析，对于缺乏统一标准、市场环境不完备等状况，提出加强利率市场化、基础利率修正附加债务风险溢价、注意行业差异、降低主观判定等建议。针对业绩承诺主观性强影响评估人员对企业价值的判断等问题，提出两个建议：一是允许业绩承诺出现区间值；二是建议监管层加强对业绩承诺的管理，尤其是提高对业绩承诺没有达到规定指标的补偿力度。另外，本书建议从审核周期入手，从监管层的角度提高审核的效率，缩短审核周期和并购实施周期，提高资产评估报告的使用效率。同时，本书还建议在借鉴发达国家如美国企业价值评估经验时，要了解我国与发达国家的评估环境的差异，包括企业价值评估和定价的关系差异、市场经济水平的差异以及上市制度的差异等，不能照本宣科，要根据我国的实际情况摸索上市公司并购重组企业价值评估和定价的规律，对我国并购重组实务予以引导。在评估报告事项的披露方面，目前并购重组企业价值评估报告没有反映并购重组交易特点，本书建议在评估报告事项披露中重点披露以下事项：目标企业资本结构对评估价值的影响、期权事项问题、行业对标问题以及对于或有义务事项的处理。

本书的创新之处主要有三方面：一是基于监管层的视角从中国证监会并购重组委员会2012—2014年审核通过的并购重组项目所涉及的并购重组委员会审核会议公告、资产评估报告、财务顾问报告、并购重组交易报告书、上市公司不同时点的公告以及上市公司年度财务报告等资料，包括七大类要素十二项指标进行实证分析，对中国上市公司并购重组价值评估的规律性特征进行全面研究。二是通过并购重组前后上市公司在证券市场上的价值变化从理论角度重新界定了并购市场溢价，同时选取规模因子、行业因子及企业品质因子通过多元回归分析检验企业价值评估因素对并购市场溢价的影响。搜集的数据包括评估结果、评估报告中收益增长预测值、并购重组交易价格、并购方上市公司在不同时间节点的股价和股本，所处行业的不同时间节点的指数等。三是在上市公司并购重组企业价值评估目前存在的问题的论述中，通过对194组数据进行实证分析确定并购重组目标企业价值评估收益法中收益预测值与实际值的偏离程度。收益预测值来自上市公司并购重组目标企业的资产评估报告，收益实际值来自并购重组实施后上市公司的年度报告中对于原目标企业收益贡献的说明。

本书的不足之处表现在：一是目标企业绝大多数都是非上市企业，许多数据不能够直接公开获取，因此个别资料并不完备。二是本书只对我国所占比例最高和最具代表性的发行股份购买资产的并购重组类型企业价值评估进行了研究。三是囿于能力和数据所限，针对并购重组企业价值评估方法的研究不够全面。

目录

CONTENTS

第一章 绪 论

第一节 研究背景和研究意义

一、研究背景

（一）并购重组的发展与现状

伴随着经济全球化趋势的演进，中国企业获得了更广阔的发展空间与机会，同时也面临着更复杂的竞争风险环境。企业为了增强竞争力，实现产业升级和资源的优化配置，通常寻求资产重组以增强自身实力。

从国际并购重组市场来看，2005 年以来企业并购重组在全球范围内迅猛发展，更多集中在资源、技术和资本密集型行业，例如能源、电信、金融、医疗等。值得注意的是全球 2015 年并购交易总额达 4.5 万亿美元，较 2014 年上涨 37%。2018 年和 2019 年各自的并购交易总额也都保持在 4 万亿美元左右[①]。2008 年以来，全球有两条重要的并购线索：一是以美国和欧洲各国金融业、制造业等为代表的针对次贷危机后的去杠杆过程。例如，2008 年富国银行收购美国第四大银行美联银行，美国银行收购美国第四大投资银行美林证券。二是新经济发展过程中，行业整合效应明显。例如，医药行业中的辉瑞制药在 2015 年 11 月以 1 600 亿美元收购爱尔建公

---

① 数据来源：美国金融数据公司（Dealogic）。

司，建立了全球第一大制药公司；消费领域的百威英博以 1 200 亿美元收购米勒公司，合并后公司贡献了全球 30%以上的啤酒产量。而伴随着移动互联和社交网络的发展，传统的电信技术和设备公司诺基亚、黑莓及摩托罗拉等不停地被产业强者并购。

从我国的并购重组市场来看，企业通过并购促使产业合理整合，促使企业健康发展，增强竞争优势，推动我国经济更快速地发展。近年来我国企业的并购重组也有若干条重要的线索：一是中央企业的整合，例如，中国南车与中国北车合并成立中国中车，中海集团与中远集团深入合作，中国电建等公司参与中国能源设计及建设市场的整合，等等；二是中央及地方国有企业的混合所有制改革，例如，中央企业中国石化销售公司改制、地方国有企业上海锦江股份收购七天连锁酒店；三是民营企业参与经济转型，例如，乐视和小米布局新能源汽车；四是以互联网巨头为代表的创新型企业对传统产业的改造，例如，腾讯和阿里巴巴推动的滴滴与快的合并、优酷土豆视频与爱奇艺重组、携程网并购去哪儿网等。

现代企业并购重组中呈现了一些新特征，体现为以下几个方面：

1. 并购重组规模更大。全球市场仅 2019 年就有 43 宗并购金额超过 100 亿美元的并购案，其中有 21 宗并购案并购金额超过了 200 亿美元。而在中国市场有国电电力与中国神华合并组建合资公司完成资产重组，中国特钢重大资产置换并发行股份购买资产，以及大悦城重大资产重组等重量级项目。

2. 并购重组目的和工具更丰富。在全球经济不景气，宽松货币政策普遍实施的市场背景下，支撑并购的资金成本更低、推升了许多以减少同业竞争、税收协同、产业整合及税收筹划为目标的并购重组案例；在工具选择上，杠杆收购、管理人收购、并购基金被更广泛地使用。

3. 并购重组形式多样化。国外并购市场相对成熟，中国企业对各种类型的重组熟悉程度也有明显提高。企业的合并、分立、横向或纵向收购，以及上市企业私有化等在近年来均有所涉及。

4. 我国并购重组受政策驱动明显。为了适应经济转型过程中企业发展的需要，积极消化过剩产能，促进转型发展，中国政府出台了一系列相关政策以推进并购重组与产业整合：2013 年 1 月，多家部委提出了汽车、水泥等九个领域重组的重要任务和主要目标①；2013 年 10 月出台了《关于推动国有股东与所控股上市公司解决同业竞争规范关联交易的指导意见》；2015 年 9 月，发布了《关于深化国有企业改革的指导意见》等。

（二）我国上市公司的发展状况

上市公司群体是中国经济中最活跃的部分，资本市场作为我国社会主义市场经济的重要组成部分，在经济结构调整、产业升级转化过程中的作用不断加强。并购重组一直是资本市场支持实体经济发展的重要方式，通过资源整合和优胜劣汰实现整体资源的优化配置。上市公司并购重组市场近年来日益活跃，交易规模不断扩大，通过这些交易，各大行业的集中度明显提升，对推动产业结构的调整发挥了重要作用。我国经国务院批准的全国性交易所有三个，即上海证券交易所（简称“上交所”）、深圳证券交易所（简称“深交所”）和全国中小企业股权转让系统（简称“新三板”）。三个交易所构成我国多层次资本市场的主体部分，不同板块活跃着不同类型的上市公司：一是主板市场中的企业，主要是在沪深交易所上市的国民经济支柱企业、重点企业、基础行业企业和高新科技企业；二是设在深交所的中小企业板，主要为在主板市场拟发行上市企业中具有较好成长性、流通股本规模相对较小的公司，截至 2019 年底共拥有 943 家上市公司，股票市价总值 9.87 万亿元②；三是设在深交所的创业板市场，重点服务于国内的创新型企业，截至 2019 年底共拥有 791 家上市公司，股票市价总值 6.13 万亿元③；四是“新三板”市场，服务于发展初期及具有持续经营能力的企业，可以为企业发展提供更灵活的投融资安排。

---

① 工业和信息化部．关于加快推进重点行业企业兼并重组的指导意见［EB/OL］．［2013-01-22］http：//www.gov.cn/zwgk/2013-01/22/content_2317600.html.

② 数据来源：深圳证券交易所市场统计年鉴（2019）。

③ 数据来源：深圳证券交易所市场统计年鉴（2019）。

（三）泛资产管理业态下资产评估的作用凸显

近年来，中国为了应对金融创新的发展，对原有的严格分业经营的监管理念进行了调整，中国进入泛资产管理时代。商业银行、保险资产管理公司、证券公司、基金管理公司、信托投资管理公司等各类资产管理机构在业务方面的监管差异不断弱化，泛资产管理市场快速发展。根据行业协会统计，截至 2019 年底，银行理财规模超过 23 万亿元，保险规模超过 18 万亿元，基金和证券等机构管理规模约 68.6 万亿元①。

资产管理领域中随着上市公司并购重组的活跃，如何对企业资产合理地进行价值评估，并以此作为交易定价的基础就成为理论界和实务界重点关注的问题。上市公司并购重组是一项复杂的经济行为，其间涉及众多环节，其中，并购重组的核心问题就是价格问题，即合理地评估目标企业价值，并以此为基础确定交易定价是对并购可行性做出决策的先决条件。企业资产交易双方对于资产价值的判定由于考评角度不同会有较大差异，需要资产评估中介机构提供合理的价值鉴证服务，避免交易的随意性。因此，企业价值评估作为资产评估的一项重要业务，目前在资本市场并购重组中发挥着举足轻重的作用。同时，资本市场并购重组的快速发展也对企业价值评估提出了更高的要求。

二、研究意义

（一）理论意义

本书界定了并购市场溢价并通过对并购市场溢价和三个因子进行回归分析来研究企业价值评估对并购市场溢价的影响，为企业价值评估与定价

① 数据来源：中国银行业理财市场报告；中国保险资产管理业协会；中国证券投资基金业协会；Wind 资讯。

的理论研究提出了新的思路。另外，对于并购重组企业价值评估的主要方法——收益法中的收益预测值和实际值的偏离程度的分析过程、数据来源和依据，本书提出了新的途径，具有较为重要的理论意义。

（二）实践意义

本书通过实证研究分析了我国上市公司并购重组企业价值评估的现状和影响，以及目前存在的问题并提出改进建议，有益于提升资产评估事务所等中介机构工作的客观性和公信力；也有益于促进国有资产管理监督委员会、证券交易所等监管主体审查监督的及时性和有效性，具有较高的应用价值。

第二节 研究内容和研究方法

一、研究内容

本书基于2012—2014年中国证监会并购重组委员会审核通过的所有并购重组项目的相关数据资料进行研究，通过实证分析中国上市公司并购重组企业价值评估相关参数的规律，据此研究我国上市公司并购重组企业价值评估中存在的问题并提出改进建议。本研究框架如图1-1所示。

本书总共分为七章，具体说明如下：

第一章为绪论，介绍本书的研究背景和研究意义、研究内容和研究方法，以及创新之处。

第二章为文献综述，通过对国内外上市公司并购重组企业价值评估研究现状分不同角度进行梳理、分析，了解上市公司并购重组的研究成果以及待改进之处。

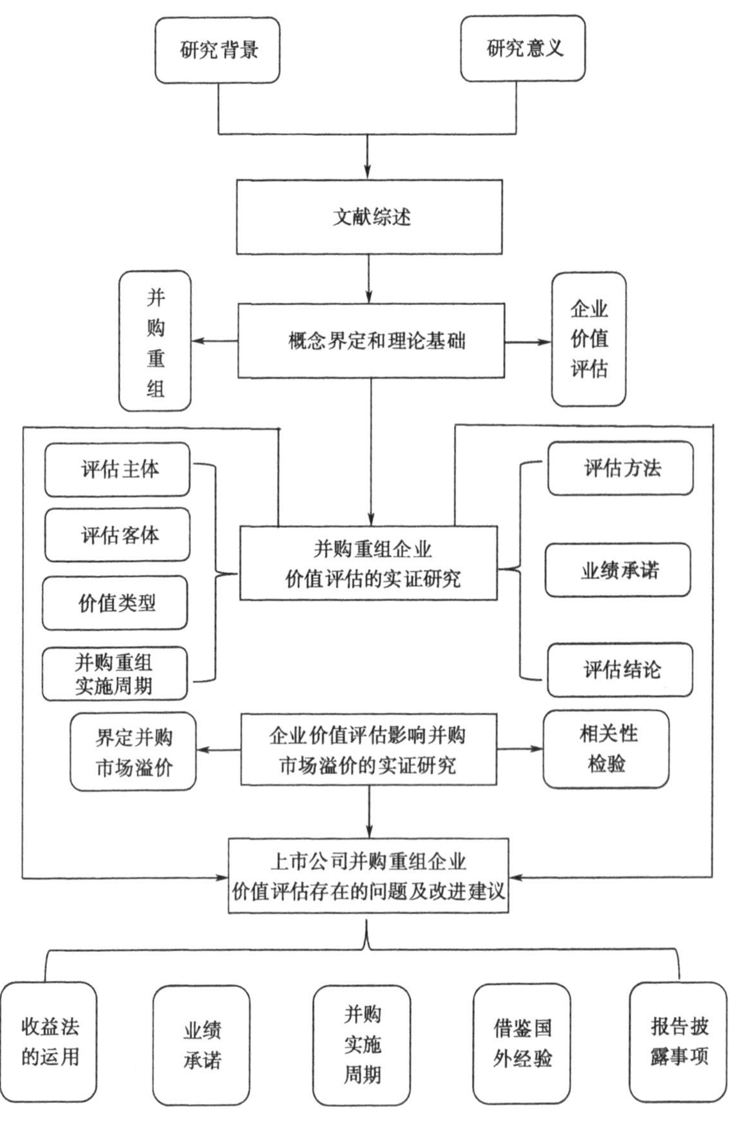

图 1-1　本书研究框架

第三章为概念界定和理论基础。本章一方面对并购重组和企业价值评估的概念进行梳理，另一方面对本书研究的理论基础进行分析，具体理论包括协同理论、有效市场假说理论和资本资产定价模型理论。

第四章为并购重组企业价值评估的实证研究。本章对中国 2012 年 1

月1日至2014年12月31日期间中国证监会并购重组委员会审核通过的所有上市公司并购重组项目企业价值评估的主要指标进行分项搜集、整理和分析，主要样本数量为422个，并购重组类型为发行股份购买资产，总结了中国上市公司并购重组企业价值评估的规律性特征。

第五章是在第四章的基础上对企业价值评估对并购市场溢价的影响进行实证研究，主要样本数量为152个。本章根据协同理论重新界定了并购市场溢价，并通过多元回归分析证明企业价值评估因素对于并购市场溢价具有显著影响，企业价值评估的准确性将会影响并购实施后上市公司在资本市场上的表现。

第六章为上市公司并购重组企业价值评估存在的问题及改进建议。本章基于第四章和第五章的实证研究分析，对中国上市公司并购重组中企业价值评估在收益法参数的测算方面、价值类型的选择方面、评估结论的确定方面、发达国家的经验借鉴方面以及评估报告事项的披露方面存在的主要问题进行研究并提出了相应的改进建议。其中，本书筛选了目标企业评估报告中收益额预测值和实际值，共194组样本，对其偏离程度进行实证分析，证明了评估机构对于评估基准日后的收益的预测值与收益实际值的偏离度较高。

第七章为结论与不足。本章对于中国上市公司并购重组企业价值评估现状和影响的实证研究以及并购重组企业价值评估存在的问题及改进建议做全面总结，并提出本书研究的不足之处和未来的研究方向。

二、研究方法

（一）调查研究法

通过上市公司公告、交易软件、证监会网站、Wind资讯、巨潮资讯等媒介搜集资本市场及评估报告的数据，多渠道、多角度、多领域地掌握信息。具体搜集的数据范围主要包括特定时间段内经过证监会审核的并购重组项目中的所有关于目标企业的资产评估报告书、交易报告书、独立财务顾问报告书及相关的上市公司公告、上市公司在拟进行并购重组和并购重组委员会审核及并购重组实施的时间段内前后股本及市场股价的变化。

（二）实证研究法

采用理论与实证分析相结合的方法，在进行理论探讨的同时对资本市场进行并购重组上市公司的价值评估及相关数据进行多方面的搜集和整理，完成对上市公司并购重组企业价值评估影响市场溢价的实证研究及方法参数预测的偏离度分析。实证研究法用于分析评估方法的选取比例及变化趋势、评估机构参与并购重组项目的状况、并购重组项目的实施周期、收益法中收益额预测值与实际值的偏离度、并购重组股权比例、行业集中度、业绩承诺比例，以及进行企业价值评估因素与并购市场溢价的相关性检验等。

第三节　创新之处

本书的创新之处主要有以下三个方面：

一、基于监管层的视角研究我国上市公司并购重组价值评估现状的规律性特征

本书基于监管层的视角即通过中国证监会并购重组委员会 2012—2014 年审核通过的发行股份购买资产并购重组项目的资产评估报告、交易报告书、上市公司公告、证监会公告及相关数据文件搜集七大类要素十二项指

标进行实证分析，对我国上市公司并购重组价值评估现状的规律性特征进行全面研究。

二、从理论角度界定市场溢价并分析企业价值评估因素对并购市场溢价的影响

本书通过并购重组前后上市公司在证券市场上的价值变化从理论角度重新界定了并购市场溢价因素，同时选取规模因子、行业因子及企业品质因子通过多元回归分析检验企业价值评估因素对并购市场溢价的影响。搜集的数据包括评估结果、评估报告中收益增长预测值、并购重组交易价格、并购方上市公司不同时间点的股价和股本、所处行业的不同时间节点的指数等。

三、对并购重组企业价值评估收益法中预测值与实际值的偏离程度进行实证分析

在上市公司并购重组企业价值评估存在问题的论述中，本书通过对194组收益预测值和收益实际值数据进行实证分析，确定并购重组企业价值评估收益法中收益预测值与实际值的偏离程度。收益预测值来自上市公司并购重组目标企业资产评估报告，收益实际值来自并购重组实施后上市公司年度报告中原目标企业收益贡献的说明。

第二章 文献综述

第一节 企业价值评估基础理论研究

我们最早可以从欧文·费雪（Irving Fisher，1906）的研究中发现企业价值评估的基础理论研究的源头。费雪在研究中分析了企业所拥有资本价值的来源，探索了企业所拥有资本价值的形成过程，他主张通过货币收入与实际收入的对比来判断人们储蓄或投资的选择。由于未来一系列的收入来源于资本，因此资本的价值可以看作是未来收入的现值。当今最常用的现金流贴现法（Discounted Cash Flow，DCF）就是以费雪的资本价值理论为基础的，该理论假设预期的现金流和风险溢价都是确定的，而实务中价值评估的情况是不确定的，因此该理论对于企业价值评估的指导意义被限制在一定的范围内。在20世纪50年代，企业价值评估基础理论有了进一步的发展，美国经济学家莫迪利亚尼·米勒（Modigliani Miller，1958）研究提出企业价值量只与企业所拥有的全部资产预期收益和企业自身的折现率这两个参数相关，与该企业的股利分配政策和资本结构没有关系。

20世纪60年代，资产估值与定价理论实现了重要的突破，威廉·夏普（William Sharpe，1964）在马科维茨的均值-方差模型的基础上，提出了资本资产定价模型。该模型为投资者提供了找到最优投资组合的机会，深刻揭示了收益和风险之间的关系，为资产价格的确定提供了合理依据。资本资产定价模型得到了广泛地应用，但是也存在明显的局限性，许多学者也在寻求其他定价方法的突破。

罗斯（Ross，1976）首先提出了套利定价理论（Arbitrage Pricing Theory，APT），该理论是对无套利分析方法研究得出的。套利定价理论的前提是完全按竞争市场的条件，资产的价格完全反映了其内在价值，市场上不存在套利的机会，投资者只能获得平均收益，市场的价格也将趋于理性。然而这种方法更多地停留在理论层面，在现实环境中很难用套利定价理论进行估值和定价。几乎在同一时期，布莱克·斯科尔斯（Black Scholes，1973）提出了期权定价模型的设想，第一次将期权的概念引入价值评估理论，该模型也称为布莱克-斯科尔斯模型。梅耶斯等（1977）认为投资于实物资产，可以增加投资人的选择权，这种未来可以选择采取某种行动的权利而非义务是有价值的，可以称为实物期权的价值，该价值来源于未来的不确定性，投资人可以通过实物期权获得资产增值，具有一定的主动性①。李焰（2001）强调了公司价值受到企业增长机会价值的影响，即如果公司当前没有收益或者收益为负值，但是具有很高的预期的增长机会价值，此时如果进行企业价值评估，企业的权益价值将会受到增长机会价值的影响，即会大于零。季峰、武晓玲（2003）认为，可以将管理者柔性价值运用期权模型进行定价。杨志强（2015）运用了布莱克-斯科尔斯模型并参考优酷并购土豆事件评估标的企业的价值，证明了互联网企业中的并购定价冲突可以通过实物期权定价的方法来妥善解决。实物期权的方法为企业价值评估带来了新的思路，对企业价值评估理论是有益的补充。但是由于期权定价方法具有严格的假设条件，在现实中依然没有得到广泛的应用。

美国思腾思特公司在20世纪90年代提出了经济增加值价值评估模型（Economic Value Added，EVA），认为经济增加值（EVA）是将企业的营业利润扣除所得税后再将股权和债权的所有资本成本之和扣除得到的余值。1993年9月，文章《EVA：创造财富的关键》在美国《财富》杂志

① Myers S C. Determinants of Corporate Borrowing [J]. Journal of Financial Economics, 1977 (11): 147-175.

发表，文中完整表述了经济增加值价值评估模型的方法和标准。EVA 模型在不同行业的应用近年来在我国得到了广泛研究。张晓薇等（2015）对于如何在农业上市公司价值评估中运用 EVA 模型以及价值影响因素做了较为深入的分析。EVA 模型是在考虑企业股权和债权的资本成本的基础上来对企业整体价值进行评估的，与传统的评估方法不同，是企业价值评估基础理论新的尝试，再一次拓宽了理论研究的视角，但是依然没有成为主流的企业价值评估方法。

国内外学者研究更为集中的还是传统的企业价值评估理论与方法，最普遍的就是关于收益法的研究。陈四清（2004）认为，DCF 模型适用于周期性企业以及并购中的目标企业的估值。在周期性企业中运用 DCF 模型时，要注重企业所处经济环境对自由现金流的影响，对并购中的目标企业估值要考虑目标企业的管理水平以及并购后可能产生的协同效应。蒂姆·科勒、马克·戈德哈特和大卫·韦塞尔斯（Tim Koller，Marc Goedhart and David Wessels，2007）系统阐述了企业价值来源于企业未来获取现金流和投资收益的能力，特别强调企业的市场价值不能只依靠企业历史业绩，而是建立在企业未来业绩基础上的，因此企业价值等于将未来收益的现金流量以适当的折现率进行折现的当前价值。李雷、周晖（2008）将折现现金流模型与股利折现模型进行了对比，并运用两模型评估了某企业的价值，得出的结论是折现现金流模型是非常有效的评估模型。黄敏（2015）运用三阶段的企业自由现金流量折现模型，采用神华集团 2008—2012 年的数据评估其价值，强调了评估价值与市场的差异。埃斯瓦斯·达摩达兰（2015）研究了如何用折现现金流量法来评估技术性公司的价值，还讨论了运用相对价值评估法的可行性和适用性，并对一些非传统行业的企业价值评估，如高科技企业估值等问题进行了分析。

鉴于收益法使用上的局限性，一些学者对收益法进行了改进研究。李延喜（2003）认为收益期间未来现金流的预测和折现率的测算会影响价值评估的最终结果，并提出了利用动态现金流量确定企业价值的评估方法。

熊敏（2008）明确指出自由现金流折现模型的优缺点，基于此提出了改进建议，也提出了基于动态的自由现金流量的评估模型和基于计算简化的自由现金流量修正模型。李光明（2010）详细比较了几种收益法的模型，如剩余收益模型、现金流折现模型和股利折现模型等，分析了几种模型的局限性，并提出了基于市净率的结合三种传统方法的改进后的剩余收益模型。

除了收益法之外，一些学者对于市场法也做了有益的尝试。张鼎祖、彭莉（2006）认为，决定企业价值的因素较多，会给市场法在企业价值评估中的应用造成多重障碍。因此，根据企业的特点，如具有复杂的架构、模糊性强，在市场法估值模型中加入模糊数学进行改进。朱军、贾玉（2012）从实证研究的角度通过证券市场的股价与部分经济参数的回归来分析企业的驱动因素，为市场法的运用提供参考。郭泰岳（2020）对并购中价值评估方法提出一些新的尝试，强调可以构建综合评价体系并结合专家打分对互联网企业进行合理的评估。

综上所述，企业价值评估基础理论研究还处于不断发展、演变的阶段，国内外学者在收益法使用的原理上基本达成共识，认为折现现金流模型是收益法中最具有代表性的方法，也是最主流的方法，学者还通过各项尝试对其进行改进，力图改善它的不足。其他的方法研究也有一定的进展，包括传统评估方法市场法、新兴的 EVA 模型和实物期权定价模型，但是由于方法应用条件的局限，它们没有在评估领域大范围地使用。

第二节 并购重组企业价值评估的理论与实证研究

一、理论研究

由于企业并购重组动因有较大差异，并购重组的类型也非常复杂，一些学者从并购过程入手，探究并购企业价值评估的理论路径。在概念界定和影响因素方面，弗兰克·C. 埃文斯和大卫·M. 毕肖普（Frank C. Evans and David M. Bishop，2001）全面介绍和分析了企业进行并购与重组的过程、途径和案例，竞争分析、非上市企业通过并购重组创造的价值，并购的市场和计划过程等，提出企业并购的三个阶段，即战略性选择、并购实施完成和并购整合阶段。克里斯蒂安·霍姆堡和马提亚斯·布塞留斯（Christian Homburg and Matthias Bucerius，2006）通过研究企业整合速度发现在某些特定情况下整合速度可以影响并购的实施。

在对并购企业价值的理解方面，张维、齐安甜（2002）强调企业的并购价值包括企业自身价值和附加价值两个方面，其中企业自身价值运用传统的企业价值评估方法计算，附加价值可以使用实物期权理论方法得出；杨屹等（2003）认为，标的企业的价值由并购实施前标的企业的未来收益折现值附加期权价值、协同效应带来的并购溢价、并购的期权价值、并购实施后标的企业的期权价值构成①。

在并购企业评估价值影响因素的研究方面，鲜文铎、贺琴（2005）认为，分析企业的获利能力时，对于企业外部因素和内部因素都要进行全面考察及评价，另外还要分析评判企业核心竞争力，将财务指标和非财务指标相结合，定性分析和定量分析相结合；安慧（2009）强调公司并购估值定价决策的重中之重在于测算资产专用性的协同效应价值以及实物期权价值，从经济增加值模型、折现现金流模型的角度计算协同效应，认为资产的专用性隐含期权会随着资产专用性程度反向变动。

在并购重组企业价值评估方法的对比研究方面，刘芳、韩晶（2006）对比了类比股价法、资产基础法、净现值法和实物期权法的优劣，认为并购重组定价要依靠决策者的预测能力和分析判断，要根据具体情况选择评估方法。柴洪、李桂丽（2009）将价值评估方法分为两大类，即相对估值

① 杨屹，殷仲民，杨莎．并购中基于期权模型的目标企业价值评估［J］．西安理工大学学报，2003（3）：284-288.

法和内在估值法，认为内在估值法中的折现现金流法更适合来探讨并购溢价问题。宁静（2011）在总结几种在并购企业估值过程中常用的评估方法之后，强调折现现金流的方法最适合用于企业并购估值，因为该方法能够对企业的未来收益能力有明确的体现，也是最科学的方法，但是也存在一定的局限性，如折现率的选取很难把握，使用难度较大，同时在评估结果上面很难体现并购带来的协同效应，没有体现企业的实际价值；强调实物期权方法对于评估信息的处理更为合理，信息的可靠性被加强，同时考虑了一定的协同效应，而市场法和成本法都存在一定的问题，评估结果的可信度被打折扣。张彦立（2012）运用现金流量折现法和经济增加值两种评估方法，阐述企业并购中存在的风险，并结合我国企业并购案例来评估企业的价值，进行风险比较，根据企业价值评估结果的偏差分析得出结论。他认为公司要把预测的偏差预算到最小，这样才能将公司的并购风险降至最低。如果成本允许，可选用两种或两种以上的评估方法。亓同进、吕秀红（2012）探讨了企业并购过程中估值方法如收益折现法和资本化法、相对估值法等的使用，建议方法选择要与企业目前所处经营情况及机遇相结合。企业经营平稳，采用收益折现法更为适合；当企业经营情况变化大并有未来选择权时，实物期权法更为理想，因为并购方可以对投资机会进行很准确的评估，标的企业能以合理的价格将股权出让。程凤朝（2011）强调收益法中的折现率应当根据企业的债务成本和股权成本使用加权平均资本成本模型（Weighted Average Cost of Capital，WACC）进行计算，而不应直接用参照公司的报酬率或者行业报酬率替代，其中股权成本计算应当采用资本资产定价模型（Capital Asset Pricing Model，CAPM），如果寻找参照公司，那么参照公司与估值企业应当具有非常强的可比性，风险协变系数β值的计算要考虑权重，不能只进行算术平均。刘堃（2014）分析了传统标的公司定价理论的缺陷为没有考虑并购实施后的价值增值，导致标的公司估值偏低。如果希望评估的结果体现的是标的公司的公允价值，就应当在评估过程中考虑协同价值。

关于资产评估在上市公司并购重组中的作用，杨华（2004）介绍了并购重组中资产评估的特征、重要作用和不足。大多数资产重组项目的交易价格都直接采用评估值，其余项目也都以评估值作为依据。在评估方法选择上，资产基础法是最为主要的评估方法。在评估过程中，也存在一些不足，如评估值与账面值相比增值率高。资产评估中介机构具有较强的属地特征。刘登清（2014）强调上市公司并购重组发展为评估机构提供了更多的机遇，评估中介机构参与上市公司并购重组项目具有专业优势，应当在中国上市公司并购重组过程中发挥更大的价值鉴证作用。

二、实证研究

在并购重组对企业价值的影响方面，国内外学者做了许多实证研究。科什、休斯和辛格（Cosh，Hughes and Singh，1980）分析了1967—1970年合计225项并购的事件，研究结果证明并购事件极大提升了并购方的获利能力。而另一部分学者却通过实证分析得到了相反的结论，如阿格拉瓦尔和曼德尔克（Agrawal and Mandelker，1992）选择了1955—1987年的1 164个并购样本研究得出结论如下：并购实施第一年，标的公司平均超额收益比率为-1.53%；并购实施两年以内的平均超额收益比率为-4.94%；并购实施两年以上的平均超额收益比率为-7.38%，说明总体上并购方没有从并购过程中获益。曼森、斯塔克和托马斯（Manson，stark and Thomas，1995）选择了英国的38个并购事件作为样本，选取了样本的营运现金流量指标进行分析，证明并购事件对公司的营运现金流量有重要的影响，同时样本显示现金流量的增加与并购方和标的公司的超额收益总额的关系为正相关。秦莲、王启明（2012）选择了171家放弃初次公开发行（IPO）又迅速被收购的私营企业的并购交易价格作为样本进行研究，发现公司如果提交了IPO撤回申请但在还没有被接受前被并购，那么并购交易价格具有明显的溢价表现；如果公司IPO撤回申请被接受之后被并购，那么并购交易价格没有明显溢价。玛哈布伯·拉赫曼、玛丽·兰布金（Mahabubur Rahman, Mary Lambkin, 2015）对并购实施前后公司市场表现变量采用回归测试、t 检验等方法进行实证分析，发现公司并购会影响其市场的表现，例如，并购会导致销售收入提升，同时费用会相对降低。

在并购重组企业价值评估方法的研究方面，程楠、杜子平（2010）使用了经济增加值（EVA）模型分析卡特彼勒公司并购三一重工的案例，评估标的企业的价值，其结果用陕西国资委批准的协议转让方式转让股权的价值进行检验，认为经济增加值模型更适合并购重组企业的价值评估。赵立新、刘萍（2011）通过实证分析探讨了中国上市公司进行并购重组过程中企业估值方法的运用，分析的项目包括资产基础法、市场法和收益法在并购重组中的应用和价值评估结果中评估增值情况。高琳、鲁杰钢（2011）选择 2008—2010 年三年间上市公司并购重组事项中采用收益法的企业价值评估样本进行分析，证明在测算折现率的过程中，确定部分参数出现了较大偏离，这主要是由于可比对象、数据选取时间以及技术处理手段存在差别。岳公侠（2011）同样选取了 2008—2010 年三年间发生的上市公司重大并购重组案例作为样本，总结了不同行业对于企业价值评估方法选择的情况。赵学善、施超（2011）通过实证分析并购重组中的评估增值问题，探讨评估增值产生的原因并对一些高增值率的行业如信息技术业、采掘业和房地产业进行分析。王竞达、瞿卫菁（2012）选取我国 2010—2011 年创业板并购估值案例作为样本对评估方法选择、收益法参数确定、评估增值率等方面进行实证分析，强调应当将各种方法结合使用，同时提出加强监管并对方法参数进行规范的建议。胡晓明、吴铖铖（2018）得出的结论为信息技术业在上市公司并购重组中的评估增值普遍高于其他行业，以收益法作为最终采用方法的评估增值明显高于市场法和资产基础法，同时提出了规范评估方法和评估标准、实现评估业绩承诺及加强评估报告信息披露等建议。

另外一些学者对影响并购重组企业价值的其他因素进行了研究。埃尔玛·卢卡斯、杰弗里·J. 鲁尔、安德烈亚斯·韦林（Elmar Lukas，Jeffrey J. Reuer and Andreas Welling，2012）研究了大量的公司并购合同，发现并购过程中高额的交易费用来源于较长的额外对价持续时间。如果对于企业现金流量的预期不确定性越强，并购各方将更希望推迟并购，同时更高的风险溢价将会增加额外的对价持续时间，促使支付更高的额外对价金额。谢尔盖·列贝德瓦等（Sergey Lebedeva et al，2015）研究发现，并购在不同的环境，如在发达国家产生的原因和效果会有差异，在世界经济中的新兴市场的比重不断增加，发生的并购事项的总体规模、复杂程度也会不断增加。程凤朝（2015）强调内部信息可能被公众投资者利用而进行提前交易，在并购重组公告之前公司的内部信息存在外溢的现象。目前我国上市公司的重组管理办法无法限制内部信息被提前利用，无法适应企业间的差异。宋光辉（2015）研究发现，企业并购模式的决策和并购绩效受流动性差异的影响，对并购绩效产生正向影响的是证券市场和货币市场的流动性，产生负向影响的是单个股票的流动性。流动性将会影响到现金流的变化进而对企业价值产生影响，企业的并购行为也会受到流动性的影响。朱荣、温伟荣（2019）对我国上市公司并购重组估值风险进行研究，重点分析高业绩承诺产生的风险对并购重组企业评估价值产生的影响并提出了一些建议。

综上所述，企业价值评估理论研究主要集中在并购概念界定、并购企业价值的理解和并购企业评估价值的影响因素、评估方法的对比与选择方面。一般认为，企业并购包括战略性选择、并购实施完成和并购整合阶段。主流观点认为，并购企业价值应当包含企业自身的价值和并购产生的协同价值。有关评估方法的研究主要通过不同方法之间的对比进行，有些学者认为折现现金流的方法最为理想，也有学者认为应当采用多种方法相结合的方式如收益法结合实物期权法进行评估。在实证研究方面，首要的关注点在于并购对于并购方和目标企业价值的影响，不同的学者得出了不同的结论，虽然他们对于目标企业会因并购受益的观点是一致的，但是对于并购方所受的影响分析的结果是不一致的。并购中选择的评估方法以收益法居多，有学者通过案例分析认为EVA模型更适合评估并购企业价值。

第三节 评估值与并购重组定价的关系研究

国外学者对不同资产的评估值与定价之间的关系做了一些实证分析。伊斯顿·埃迪和哈里斯（Easton Eddey and Harris，1993）通过研究澳大利亚的资产评估的数据，证明了股票市场价格与资产评估之间具有相关性。格特纳（Geltner，1997）研究得出，证券投资组合的定价会在一定程度上受到资产评估的影响。格特纳、麦格雷戈和施万（Geltner，MacGregor and Schwann，2003）对不动产市场和资产评估的关系进行了实证分析，研究结论为不动产市场价格会受到资产评估的影响。

在并购重组的视角下，国内学者对评估值与定价的关系主要做了如下研究。严绍兵等（2009）将雪津啤酒的价值评估作为研究对象，对企业评估值和定价的关系进行了分析，并探讨了二者产生差异的原因：评估机构采用公开市场环境下的市场价值，而投资者考虑的是在特定市场环境下的标的企业带来的投资价值。而上海证券交易所、中国资产评估协会联合课题组（2010）强调资产评估的重要性，资产评估目前已经成为上市企业重大资产重组定价中的核心过程。赵立新、刘萍（2011）利用实证分析发现2009—2010年中有90%的并购重组项目定价的依据是资产评估结论。李师（2014）选取了收益法评估值对并购重组交易价格的合理性进行了检验，研究评估价值和交易定价界限的问题。其结论表明，将资产评估值作为交易定价的唯一依据是非常不科学的，建议改进评估方法，在评估结论中引入区间值，促进合理性。另外，公司管理层对于交易定价要合理把握，对评估价值进行专业的测试，将企业估值贯穿于并购交易过程中并与并购重组交易定价紧密结合。王小荣、陈慧娴（2015）采用实证研究的方法对

2007—2011 年并购重组项目数据中的评估价值准确性进行了分析：一方面，通过描述性统计对评估价值和并购重组成交价格的差异进行研究，结果是二者基本吻合，并购重组定价将评估价值作为重要参考依据之一越来越被并购各方接受；另一方面，在并购重组视角下运用企业会计资产项目“合并商誉”来检验证券市场对并购重组中评估值的反应，发现相比并购重组成交价，评估值更容易被证券市场所接纳。

综上所述，根据国内外学者的研究结论，资产评估值与定价之间存在着紧密的联系，这种联系不仅仅在并购企业价值评估中，也存在于其他的资产类型中。研究建议改进评估结果的披露方式，其结论应以区间值的形式表示。

第四节　价值类型的界定与分析

国外关于价值类型的文献主要来源于资产评估准则。一些主要的资产评估准则中都体现了对价值类型的研究。美国专业评估执业统一准则（USPAP）规定，在评估执业中，评估师必须界定价值类型，如市场价值、清算价值和投资价值等。国际评估准则（IVS，2017）中对价值类型（basis of value）做了详细的阐述，其中详细说明了市场价值的定义及要件，同时还对其他价值类型如公允价值、投资价值、特殊价值、协同价值等分别做了说明。目前许多国家接受了将价值类型分为市场价值和市场价值以外的价值的划分方式。价值类型在企业价值评估中的应用也逐渐受到重视。欧洲评估准则认为，企业价值评估中价值类型的判定主要受两个方面影响：一方面是价值类型的判定取决于评估师评估信息的来源。如果评估师的信息都是来自公开市场或者参考了类似企业的预期收益率，那么价值类型就应当是市场价值。如果评估的信息来源于投资者的要求，那么价值类型应当是企业的主观价值。另一方面，价值类型还会受到评估师身份的影响，评估师在执业时可能是评估师，也可能是仲裁者或评估咨询顾问，身份不同其对价值类型的判定也不相同。

在我国的资产评估准则体系中也对价值类型进行了不同角度的阐述。中国资产评估协会在2004年首次颁布的《资产评估准则——基本准则》中明确了价值类型，强调资产评估师在执行资产评估业务时，应当根据评估目的等条件选择适当的价值类型，并对价值类型予以明确定义。中国资产评估协会在2017年重新修订过的《资产评估价值类型指导意见》中详细界定了价值类型的定义、价值类型的选择和使用时需要注意的问题。中国资产评估协会在2017年重新修订后的《资产评估执业准则——企业价值》中强调执行企业价值评估业务要根据评估目的、评估客体自身条件和市场条件来选择恰当的价值类型。

我国专家学者也在价值类型的总的分类和选择上进行了深入的研究。王诚军、陈明海（2002）经过调研发现世界各国的评估实务中最常用的价值类型是市场价值，世界各国对于价值类型的界定和分类本质上并无不同，只是在说明上略有区别。为了评估报告的使用者不会误用评估报告，将价值类型进行区分是十分必要的，最通常的方式是将价值类型划分为市场价值与市场价值以外的价值，市场价值以外的价值具有特殊定义。肖静、曹勇（2008）在传统价值类型分类的基础上提出了新的思路，建议将是否属于以财务报告为目的的评估作为选取标准，属于以财务报告为目的价值类型选用公允价值，不以财务报告为目的的评估选择非公允价值。刘玉平（2009）对于市场价值以外的价值类型中的在用价值以及在抵质押贷款中涉及的价值类型进行了详细的界定。评估师要把握评估目的和价值类型之间的关系，根据定义合理选择价值类型。赵兴莉、岳修奎（2015）认为，国际评估准则按照评估假设的视角将价值类型分为公允价值、投资价值和市场价值比较合理清晰，但我国的价值类型指导意见中界定价值类型比较复杂，除了市场价值以外，将其他的价值按照经济行为又具体细分为在用价值、清算价值、保险价值等，可能会造成价值类型分类界限比较模糊，对评估过程造成干扰。

在并购重组的视角下，康芮华（2009）认为，并购重组企业的价值类型可选投资价值和市场价值，具体的选择与并购的动机和利益主体有关。在比较了上述两种类型之后，康芮华研究认为如果选择的是市场价值，评估目的应当是获取标的公司的资源或者评估报告用于公开披露使用；若选择的是投资价值，则要么是想了解标的公司的预期盈利能力，要么考虑了具有协同效应的评估报告是作为并购方内部参考而不向公众公开的。邓云（2011）进而研究了导致企业并购中的投资价值和市场价值之间产生差异的原因，发现这些原因体现为我国国内的投资者、国外的投资者以及资产评估中介机构对待评估内容的差别。我国资产评估中缺少对于人力资本、商誉以及控制权益的分析。赵强（2012）在市场价值和投资价值的研究范围内加入内在价值来讨论三者之间的关系，同时强调了投资价值和内在价值的对比研究。陈蕾（2013）对投资价值涉及的理论发展进行了研究，认为投资价值属于特定情况下的价值类型，目前还没有广泛使用，在将来会在以投资为目的的评估实务中发挥重要作用，如企业并购重组领域。但是由于技术方法目前还不能很好地解决协同效应的量化问题，限制了投资价值类型的使用。

综上所述，国外学者对于价值类型的研究主要是指界定价值类型，对于如何选择价值类型应当考虑评估师信息的来源和评估师身份的影响。国内学者的研究强调价值类型分析的重要性，建议对不同行为的价值类型进行详细界定。对于并购中涉及的投资价值和市场价值也有很多的探讨。还有学者认为我国的价值类型分类界限比较模糊，会对评估结论造成很大影响。

第五节　研究成果述评

一、研究成果总结

1. 现阶段国内外理论界和实务界对企业价值评估方法的研究越来越丰富，三种传统方法（收益法、市场法和资产基础法）中探讨最多的是企业价值评估的收益法中的 DCF 模型，包括各个参数如收益额、折现率和收益期限的预测等。对于市场法的研究也有一定涉猎，但是对资产基础法的讨论很少。

2. 文献中对于企业价值评估新兴方法如实物期权法和 EVA（经济增加值）法也有很多探讨，包括通过实物期权法估计协同价值，分析 EVA 模型的优势和局限性，提出一些建设性的方案。

3. 有国内文献根据我国 A 股市场和创业板市场数据进行了实证分析，对上市公司并购重组中的评估方法选择进行了探讨，得知我国的上市公司并购重组方法目前采用较多的是资产基础法和收益法，较少采用市场法。

4. 有关评估值和并购定价学者们做了一些研究，得出结论为评估值与并购定价相关，并对评估值和定价的差异做了分析。同时，学者还对并购对于价值的影响进行了实证分析，结果不是完全一致的。

5. 关于价值类型探讨的国外文献主要集中在评估准则。我国学者对价值类型进行了较为充分深入的分析，包括价值类型的定义、分类和应用。

二、目前研究待改进之处

1. 由于我国属于新兴市场国家，证券市场发展时间不长，市场发育还不够完善，与发达国家较为成熟的市场环境相比具有较大差距。因此，国外对于上市公司并购重组的研究大多基于目标企业也是上市公司的情况。而我国大多数并购重组的目标企业都是非上市公司，因此我们不能完全借鉴国外实证研究过程和结果。从对我国上市公司并购重组企业价值评估研究来看，学者对于方法的使用分析居多，缺乏宏观的对于上市公司并购重组企业价值评估相关问题的整体统计和分析。

2. 国内外许多文献对于并购重组给企业价值带来的影响在理论和实证方面都做了一些全面的分析，但对于企业价值评估对上市公司并购重组的影响以及企业价值评估实务中存在的问题和改进建议没有进行深入的研究。

3. 对于交易价格、评估结果和与目标企业账面净资产相比的增值率有一定的研究，但对于并购实施前后特定时间点的上市公司的价值差异研究不足。

本书以目前上市公司并购重组企业价值评估研究不够充分的领域作为出发点，搜集我国上市公司并购重组企业价值评估的实务数据并针对以上问题展开研究。

第三章　概念界定和理论基础

第一节　概念界定

一、上市公司并购重组的概念界定

（一）并购重组的含义

并购重组是指企业之间的兼并、收购和资产的重新整合；是企业在经营过程中出于发展需要，如获得协同效应和流动性溢价等，对企业所拥有的股权、资产和负债进行收购、置换和重新整合的活动；是目前许多企业发展过程中非常重要的战略行为。目前我国证券市场发展速度非常快，上市公司不断寻求新的盈利增长途径，对许多公司来说，并购重组是一个非常有效的发展战略。

（二）并购重组的主要类型

并购重组是一种市场行为，没有统一的类型划分标准，站在不同的角度会有不同的划分标准，例如市场和监管层对于并购类型具有不同的划分。本书按照监管层的分类即我国证监会并购重组审核委员会认定的并购重组类型加以说明。

1. 发行股份购买资产。发行股份购买资产是上市公司并购重组的最普遍的类型，是指上市公司向股东或者其他对象发行股份用以购买目标公司的全部或部分产权的行为。并购重组完成后，全部或部分产权将会转移至并购方上市公司，而股东或者其他对象将会获得上市公司的股票。在购买资产的支付方式上，可以采用全部发行股份的方式，也可以采用一部分以现金方式支付，另一部分以发行股份方式支付的方式。如果购买的是目标公司的全部产权，那么在并购重组完成后目标企业通常会作为并购方上市公司的子公司进行管理。

2. 吸收合并。按照我国公司法的规定，企业合并包括新设合并和吸收合并。上市公司并购重组中的吸收合并是指作为并购方的上市公司和目标企业合并以后，并购方吸收目标企业，继续存在，而并购方取得目标企业原有的资产和负债后，目标企业被注销法人资格。吸收合并中有一种重要的合并方式叫换股吸收合并，这也是我国许多上市公司进行并购重组选择的一种类型，这是因为上市公司在进行合并支付对价时采用换股的方式就不需要支付现金，这样对于并购方是非常有利的，不会因大量的现金流出而影响公司的正常运营。

3. 资产重组。资产重组就是资产的重新整合，包括企业内部的资产之间或者不同企业之间的资产通过交易达到优化配置的目的。根据我国上市公司重大资产重组管理办法的规定，上市公司的资产重组是指上市公司及其控股或者控制的公司在日常经营活动之外购买、出售资产或者通过其他方式进行资产交易达到规定的比例，导致上市公司的主营业务、资产、收入发生变化的资产交易行为。资产交易有可能是资产购买，也有可能是资产出售，还有可能是资产置换，这种资产交易达到一定比例后将构成重大资产重组。其中，资产置换是指上市公司以其一部分资产交换另一个公司优质资产的交易形式，属于一种特殊形式。上市公司进行资产置换的目的是通过交易转入优质资产的同时将本企业中的无效资产或者相对盈利水平较低的资产转出，实现企业资产的优化配置。

由于发行股份购买资产（含发行股份及现金方式购买资产）的并购类

型在我国证监会并购重组委员会审核通过的全部项目中占有绝对优势，所以将其作为本书实证研究的主要对象。

二、企业价值评估的概念界定

（一）企业价值的含义

企业是一种资源配置的组织形式。对于企业，有不同的定义。本书将企业定义为一个处于持续经营状态的资产综合体，它是以盈利为目的并对所拥有的资产进行合理配置以达到利润最大化的组织形式。对于企业来说，企业价值驱动的最核心因素应当是企业的获利能力，企业持续的获利水平越高，企业价值也会越高。对企业价值的预期不仅仅包含对企业信息的搜集，也要包含对企业未来经营能力的判断，因此，综合来看，企业价值本质上是企业在未来对资源有效配置程度的预测和对资源利用效率的判断①。

（二）企业价值的种类

企业价值具有不同的表现形式，从并购重组的角度来说，企业价值主要包括账面价值、市场价值和内在价值。

1. 账面价值。企业的账面价值说明了资产的历史成本，它的缺点是无法反映无形资产的真实价值，因此也就无法反映企业的真实价值。它可以使投资人对企业的总体概况具有初步的认识，但不会将其直接作为企业价值评估的参考依据。

2. 市场价值。市场价值是基于一系列的假定，在理想的市场状态下，对于被评估企业的接受程度。简单来说，市场价值是指在市场均衡条件下

① 张显峰．基于成长性和创新能力的中国创业板上市公司价值评估研究［D］．长春：吉林大学，2012.

的被评估企业的价格水平。从资产评估价值类型的角度看，市场价值是强调交易的不受强迫、买卖双方的自愿特征和活跃市场条件的。在很多情况下，市场价值是企业评估过程中的重要参考。企业价值评估中的市场法就是评定企业市场价值的典型方法，企业的市场价值对投资人来说是主要的参照标准之一，它意味着市场对该企业的接受度。

3. 内在价值。企业的内在价值取决于企业未来的获利能力，不同于市场价值和账面价值。内在价值是指通过对企业目前的经营情况和未来面临的市场状况的分析，预测企业未来收益并将未来收益以相应风险报酬率折算的现时价值。在上市公司并购重组企业价值评估中，内在价值是最为常用的价值口径。企业的内在价值通常通过收益法来进行测算，在上市公司并购重组过程中，内在价值将会受到更多的关注，因为内在价值着重衡量被评估企业的收益潜力，对并购方来讲具有更为重要的意义。

（三）企业价值评估的含义

根据 2017 年重新修订后的《资产评估执业准则——企业价值》的规定，企业价值评估是指资产评估机构及其资产评估专业人员按照法律、行政法规和资产评估准则，根据委托对在评估基准日特定目的下企业整体价值、股东全部权益价值或者股东部分权益价值等进行评定和估算，并出具资产评估报告的专业服务行为。资产评估师执行企业价值评估业务，应当根据评估目的、评估对象、价值类型、资料收集情况等相关条件，分析收益法、市场法和资产基础法（成本法）三种资产评估基本方法的适用性，恰当选择一种或多种资产评估基本方法。

目前上市公司并购重组是企业主要的评估目的，例如，发行股份购买资产涉及的企业价值评估，就是评估人员确定评估基准日后为了并购重组对企业股东权益或者部分权益发表专业意见的行为和过程。按照评估准则的要求，在履行必要评估程序后，资产评估机构需要出具资产评估报告。资产评估报告中应当包含的要素有评估主体、评估客体、评估目的、价值类型及评估方法等。本书第四章上市公司并购重组企业价值评估的实证研究中，评估主体界定为具有评估资质的资产评估机构和人员，评估客体界定为并购重组中的目标企业的股权价值，评估目的界定为上市公司并购重组，价值类型界定为市场价值或投资价值，评估方法界定为传统的三大评估方法即收益法、市场法和资产基础法。本书第四章除了对特定期间内上市公司并购重组项目企业价值评估涉及的以上评估要素进行统计说明之外，对于并购重组审核周期、业绩承诺等并购重组行为特有的，对企业价值评估有一定影响的因素也进行了归纳和分析。

第二节　理论基础

一、协同理论

本书的研究对象为中国上市公司并购重组的企业价值评估问题，最首要的理论基础就是协同理论。协同理论是在经济学和管理学等多个学科的基础上发展而来的，目前使用非常广泛。德国著名的物理学家、教授赫尔曼·哈肯（Hermann Haken）在 1971 年首次提出了协同的概念，之后他又发表了《协同学导论》，对协同理论进行了深入的解析。由于协同理论来源于多个学科理论的融合，其发展也和这些学科有着密不可分的关系，会随着这些学科的发展而逐步完善，在实务中发挥更大的作用。协同理论本身是一个广义的范畴，包含的内容非常广泛。一般来说，协同理论可细分为自组织原理、伺服原理和协同效应。本书研究的是企业的并购重组问题，并购重组企业价值评估的主要理论基础就来源于其中的协同效应。企业之间进行并购重组，包括股权或者资产的转移最主要的动因就是要获得协同价值，即两个企业通过不同方式进行整合形成一个新的企业。按照协同效应的理论分析，企业并购重组不是资产的简单叠加，新企业的价值会超过原来两个企业的价值之和。通常来说，企业并购重组带来的协同效应表现为三个方面，即财务协同效应、管理协同效应和经营协同效应。

财务协同效应是指企业通过并购重组在财务方面获得的收益。比较典型的就是在并购重组后的公司与并购重组前的单独公司相比具有更强的举债能力，举债成本降低从而节约了财务费用。另外，有一个企业收益稳定，现金充足，但是没有投资增值的条件和机会；而另一个企业收益潜力大，持有先进的技术等无形资产，但是缺乏资金的支持，融资成本较高。如果将两个企业进行并购重组，将会实现双赢，企业融资成本也会大幅降低。管理协同效应一般是指并购方通过并购重组获得目标企业的控制权。这种协同效应产生的动因是并购方具有很高的生产效率和管理水平，而目标企业往往管理水平低、效率低下，通过并购重组，将生产效率和管理水平差异较大的两个企业整合，可以创造更高的价值。经营协同效应与企业的经营情况密切相关，例如并购重组双方可以通过扩大产量来获得规模效应。随着企业规模不断扩大，企业生产成本大幅降低，从而产生经营协同效应。

企业通过并购重组获得协同效应是目前并购重组越发活跃的主要原因，不管是出于管理、经营还是财务方面的考量，协同效应带来的价值增值都是企业追求的目标。对于企业并购重组能否给企业带来价值增值，近年来国内外学者做了不同角度的研究。例如，克里斯蒂娜·伯纳德、卢西奥·富恩特尔萨和詹姆·戈麦斯（Cristina Bernad，Lucio Fuentelsaz and Jaime Gomez，2010）所做的研究表明企业并购是可以创造价值和提高效率的，然而研究证据不能表明并购效益与其所涉及的企业的成本、生产效率、盈利能力以及市场价值存在一致性。徐丹丹、刘淑莲（2010）研究发现，被并购企业的投资人可以从并购重组过程中获得短期超额收益，但是并购方的投资收益却没有增加。另外，中国证券市场监管机制很不完善，短期内并购溢价流向了提前获取内部信息的投资者，信息套利现象也很严重。

近些年中国并购重组发展速度较快，上市公司希望资本市场进行并购重组提高企业生产效率从而推动整体社会生产率的提高。技术的进步促使效率提高，同时对产业并购的需求不断增加，但技术对不同行业的协同影响是不同的。唐清泉、巫岑（2014）以2002—2010年在上海、深圳两个证券交易所上市的医药公司作为样本分析企业并购中内部研究与开发投资和外部研究与开发带来的协同效应。研究的结论主要有两个方面：一是医药企业中的确存在着内部和外部的技术协同效应，可以提升企业价值；二是协同效应存在于非国有企业和小型企业中①。

对于我国并购协同效应理论与实践还可以通过中国经济转轨时期对于协同效应的影响来研究。我国企业并购重组能为股东创造巨大财富，促进上市公司结构调整，但还是有很大的不确定性，这主要与决策的机制、风险和动机紧密相关②。黄中文等（2013）对我国2009—2010年的数据进行检验分析，结论是并购方投资人可以获得超额收益，与早期的一些研究认为并购方投资人不会通过并购重组获利的结论反差较大，原因主要在于我国关于并购重组的相关措施在不断改进，以前企业并购重组没有产生有效的协同效应往往是由一些体制的障碍造成的。

本书分析了协同效应研究成果，将并购重组与企业评估相结合，针对我国并购重组企业价值评估现状，以协同效应理论为基础，界定并购市场溢价，并通过并购市场溢价和影响因素的相关性研究来探讨企业价值评估对于并购市场溢价的影响。本书中的并购市场溢价是根据协同理论，对比并购完成后企业的市场价值与并购实施前并购方和目标企业市场价值之和进行确定的，二者之间的差值代表了投资者对于并购重组未来效应的预期状况。

---

① 唐清泉，巫岑．基于协同效应的企业内外部R&D与创新绩效评价［J］．2014（9）：12-23.

② 张新．并购重组是否创造价值?：中国证券市场的理论与实践研究［J］．经济研究，2003（6）20-29.

二、有效市场假说

尤金·法玛（Eugene Fama，1970）提出了有效市场假说（Efficient Markets Hypothesis，EMH），该假说认为货币市场和资本市场的资产价格都是公允的，它强调当前的市场价格充分反映了市场的所有信息，对于投资者来说是不可能获得超额收益的，因为信息会在市场范围内快速而准确地传播。有效市场假说具有三种形式：一是弱势有效市场假说，即假设当前证券市场上的股票价格已经充分反映了历史信息，例如收益率、股票交易量和其他市场信息。弱势有效市场假说认为历史数据与未来收益是没有联系的。二是半强势有效市场假说，即股票的价格会根据公开信息的发布迅速调整，反映的都是公开信息。半强势有效市场假说是包含弱势有效市场假说的。三是强势有效市场假说，即在市场强势有效的情况下，股票的价格会充分反映市场上所有的信息，包括公开的信息和非公开的信息。在市场强势有效的情况下，没有任何投资者能够凭借信息优势获得垄断利润和超额利润。强势有效市场假说包含弱势有效市场假说和半强势有效市场假说。

市场的有效性一直是理论界和实务界探讨的热点问题。纵观世界各国，不同的资本市场、法律体系、经济发展程度以及不同的监管机制都会造成市场有效性的差异。对于资本市场来说，提升市场的有效性就是其发展的主要原则之一，在市场有效性提升过程中将会产生价值，而并购重组就提供了这样的一种路径。目前我国的许多上市公司并购重组项目中的目标企业都是非上市公司，原因是非上市公司希望与上市公司合并获得流动性溢价。由于资本市场对于上市公司的质量、信息披露的规范性要求非常高，随着上市企业的不断增多，市场的有效性也会提升。同时，制度的变化也会影响市场的有效性。我国学者分别就中国和美国的制度变迁对市场有效性的影响进行研究。檀学燕（2010）研究发现，制度的改变对市场的有效性有正向效应，因此我国市场的有效性随着制度的进一步完善将不断提升。王超、刘超（2013）使用分形市场理论对美国证券市场的指数进行研究，发现虽然美国股票市场在某些特定时间可能出现无效的情况，但是随着制度的改进，市场的有效性将会不断提升。

由于本书以上市公司为研究对象，上市公司的价值应当由其在证券市场上的表现来判定，本书第五章的实证研究在测算并购市场溢价以及选择影响因子的时候，以有效市场假说为基础将市场价格作为重要的参考依据。在并购市场溢价的测算方面，根据有效市场假说，本书假定我国证券市场是有效的，因此将上市公司在并购重组方案实施日的市场价值作为并购实施后的企业价值，上市公司在并购重组方案公告日的市场价值作为并购实施前的企业价值。目标企业的市场价值将按照最终交易价值确定。另外，在并购市场溢价的影响因子的测算方面也遵循了有效市场假说，以市场价值为基础来确定影响因子的数据。

三、资本资产定价模型

资本资产定价模型（Capital Asset Pricing Model，CAPM）主要研究资本市场中资产的预期收益率与风险资产之间的关系，认为资产的预期收益率可以用系统风险来度量，该模型在均值-方差模型的基础上进一步发展，附加了另外的假设条件，提出了资本市场线和证券市场线，使最优投资组合的选取更为简化和有效。

从企业价值评估的角度来说，资本资产定价模型相对来说是体系最完整的企业价值评估的基础理论，且被广泛运用到估值和定价领域，尤其被用于价值评估收益法中的折现率的测算。与均值-方差模型相比，资本资产定价模型简化了估值定价的过程，但是附加的多个假设条件使其在实务使用中存在一定局限。一些学者对资本资产定价模型在我国的使用情况进行了分析。丁琳、刘文俊（2013）进行了资本资产定价模型中组合的平均超额报酬率与β值之间的相关性研究，通过实证检验，发现平均超额报酬率与β值之间存在着线性关系。赵焘（2013）对上证180指数进行分析发现，有效投资组合可以分散一部分非系统风险，但是系统性风险与180指数相关性不强，主要原因有：一方面，资本资产定价模型的假设条件比较严格；另一方面，我国市场不完善导致非系统性风险因素对收益存在重要影响。

在上市公司并购重组企业价值评估收益法中，资本资产定价模型具有重要意义。股权成本率作为上市公司重组企业价值评估收益法折现率的重要组成部分，通常采用资本资产定价模型进行测算。本书以并购重组为视角，研究了资本资产定价模型在中国上市公司并购重组目标企业的价值评估中的使用情况，分析其在应用中存在哪些问题并提出改进建议。

上市公司并购重组企业价值评估是一个非常复杂的过程，为了研究结果更具有普遍意义，本书将研究的并购重组类型按照监管层的分类界定为发行股份购买资产以及发行股份和现金支付购买资产；将企业价值评估界定为按照资产评估准则的要求，资产评估中介机构在中立客观角度对标的企业的全部股权价值或部分股权价值进行的评估。在此基础上，本书第四章对2012—2014年中国证监会并购重组委员会审核通过的上市公司并购重组企业价值评估样本做了数据资料整理并进行统计分析，描述了中国上市公司并购重组企业价值评估的总体特征。本书第五章在协同理论和有效市场假说的基础上界定了并购市场溢价及其影响因素，同时对并购市场溢价的影响因素进行了测算及实证检验。资本资产定价模型也为第四章描述性统计分析以及第六章分析企业价值评估存在的问题及提出改进建议奠定了理论基础。

第四章　并购重组企业价值评估的实证研究

第一节　样本选取说明

一、样本时间范围

实证研究基础样本的时间选取范围是2012年1月1日至2014年12月31日，其原因在于：2012年以后上市公司并购重组的项目数量开始明显增加，所以选择2012年1月1日作为起始时间点；从公司董事会形成决议并公告到证监会审核通过至交易最终完成要经过较长时间，为了保证研究样本数据的完整性和可比性，选取审核的项目时间截至2014年12月31日。

二、样本数据来源

样本数据来源主要包括2012—2014年三年间中国证监会并购重组委员会审核通过的并购重组项目所涉及的并购重组委员会审核会议公告、资产评估报告、财务顾问报告、并购重组交易报告书、上市公司不同时点的公告以及上市公司年度财务报告等资料。搜集的样本数据包括每个样本的审核会议时间、审核通过率、并购重组类型、评估主体、评估基准日、评估报告日、账面净资产、评估价值、实际交易值、并购方和目标企业所在行业、评估方法及参数的选择、不同评估方法的评估增值额和增值率及分行业统计数据、交易股权比例、价值类型、并购重组方案公告日期、方案实施日期、是否有业绩承诺、是否有锁定期安排、是否有管理层持股或期权、是否有私募股权和风险投资公司进入以及目标企业是否上市等。

三、样本的审核情况

中国证监会并购重组委员会对于上市公司并购重组项目的审核具有规定的程序，根据上市公司提供的材料来决定并购重组项目是否通过审核。通过审核分为两种情况，即无条件通过和有条件通过。由于有条件通过对于并购企业价值评估及交易定价在实质上与无条件通过没有本质差别，因此在本书中将二者合并作为样本的选取标准。需要注意的是，有可能审核的并购重组项目中并购方是一家上市公司，但是目标企业可能涉及多家公司以及多份相应的资产评估报告书等企业价值评估相关资料，由于本书以目标企业价值评估相关数据作为研究对象，所以最终样本会超过并购重组项目的统计数量。

从表 4-1 可知，中国证监会并购重组委员会 2012—2014 年三年间合计召开 165 次审核会议，审核项目总数 360 项，其中通过审核的有 336 项，通过比例为 93.33%。2012—2014 年，由于并购重组日趋活跃，大量上市公司具有并购重组的需求，提交审核的并购重组项目也逐年增加。随着时间的推移，审核会议次数、审核项目数大幅增加。审核会议次数从 2012 年的 41 次增加到 2014 年的 78 次，审核项目数量也从 2012 年的 73 项增加到 2014 年的 194 项。随着上市公司并购重组项目的流程不断规范化，提交的审核材料与过去相比水平有较大提升，因此通过的项目数和比例也在逐年增加，2012 年项目审核通过比例为 89.04%，2014 年就增加至 95.35%。当然，还是有少量上市公司的并购重组项目由于各种原因没有通过审核，未通过的原因主要包括资产评估的依据不可靠，目标公司的会计基础非常薄弱，内部控制制度与上市公司的规范要求存在差距，历史股权转让价格与当前交易对价之间存在缺乏合理解释的巨大差距，财务信息披露不完善，未来持续经营能力存在重大不确定性，等等。本书已将没有通过审核的并购重组项目在总的研究样本中剔除。

表 4-1　并购重组项目审核情况

项　　目	2012 年	2013 年	2014 年	合计
审核会议次数（次）	41	46	78	165
审核项目数量（项）	73	93	194	360
审核通过数量（项）	65	86	185	336
审核通过比例（%）	89.04	92.47	95.36	93.33

资料来源：证监会并购重组委审核会议公告的统计。

四、样本的并购重组类型

由于并购重组类型较多，情况也非常复杂，为了使实证分析结果更具有代表性和合理性，本书对 2012 年 1 月 1 日至 2014 年 12 月 31 日我国证监会并购重组委员会会议审核的所有上市公司并购重组项目的资产评估报告数量和并购重组类型进行了统计，选择所占比例最高的发行股份购买资产（包含发行股份和现金支付购买资产）类型作为筛选标准（如表 4-2 所示）。

表 4-2　并购重组企业价值评估报告样本数量

项　　目	2012 年	2013 年	2014 年	合计
审核通过的资产评估报告数量（份）	94	145	283	522
扣减置出资产和非企业资产组报告数量（份）	8	9	28	45
目标企业价值评估报告数量（份）	86	136	255	477

续表

项　　目	2012 年	2013 年	2014 年	合计
其中：发行股份购买资产（含发行股份和支付现金购买资产）（份）	64	124	234	422
发行股份购买资产所占比重（%）	74.42	91.18	91.76	88.47

资料来源：证监会并购重组委员会审核会议公告、上市公司公告、并购重组资产评估报告信息的统计。

从表 4-2 可以看出，2012—2014 年上市公司并购重组企业价值评估业务数量大幅增加，经过统计，三年间并购重组委员会审核通过的资产评估报告的数量为 522 份，2014 年审核通过项目涉及的资产评估报告数量为 2012 年的 3 倍多，约为 2013 年的 2 倍。由于本书的研究对象是上市公司并购重组企业价值评估，在审核通过的 522 份资产评估报告中扣减评估对象为非企业股权的情况。

并购重组类型中由于发行股份购买资产与发行股份和现金方式购买资产在对目标企业的价值评估上没有本质区别，本书将其一起并入样本的最终研究范围，简称“发行股份购买资产”。并购重组类型为发行股份购买资产涉及的目标企业评估报告数量在 2012—2014 年也有近 4 倍的增长。该种类型在全部并购重组类型中占有绝对优势，随着时间的推移其所占的比重不断增加，2012—2014 年平均占比为 88.47%，2014 年比 2012 年提高了 17.34%。目前在全部并购重组项目中发行股份购买资产的企业占非常大的比例，主要原因体现在两个方面：一方面是由于我国 A 股证券市场的估值水平一直维持在高位，与非上市的股权交易市场相比，市盈率水平要高出数倍。这种由于上市和非上市企业之间流动性差异带来的价值增值就成为企业并购重组的重要动力。如果通过发行上市公司股份购买目标企业股权的形式可以预期并购方上市公司每股收益增加，那么作为目标企业的非上市股权价值也会因曲线上市而得到提升。另一方面由于我国证券市场是一个侧重融资的市场，参与并购重组的企业有明确的融资需求，而发行股份购买资产将会满足并购方上市公司一部分的融资需求，获得资金支持。发行股份购买资产已成为许多上市公司进行并购重组的首要选择。因此本书以发行股份购买资产（含发行股份和支付现金购买资产）类型的422份企业价值评估报告及相应的交易报告书、财务顾问报告等数据来源为基础样本进行实证研究，由于不同的实证研究在分析的角度上有所侧重，在基础样本上会附加不同的条件以得到新的样本集合。

第二节 评估主体

一、并购重组评估主体的界定

资产评估中的评估主体主要是指资产评估业务的实施者。对于上市公司并购重组而言，评估主体是指参与上市公司并购重组企业价值评估并对目标企业的全部或部分的股权价值进行鉴证服务的资产评估机构和人员。根据中国证监会的规定，如果上市公司并购重组中目标资产交易的最终价格以资产评估的结论作为依据，那么上市公司应当委托具有证券业务资格的资产评估机构针对目标资产出具资产评估报告，而资产评估机构和人员作为评估主体需要按照资产评估准则规范文件开展资产评估业务。根据2014年国务院发布的27号决定，以及《人力资源社会保障部关于做好国务院取消部分准入类职业资格相关后续工作的通知》，将资产评估师等5类职业资格从准入类调整为水平评价类。这将意味着资产评估师不再实行注册制，评估主体的范围有较大扩展。但是对于参与上市公司并购重组业务的资产评估机构证监会还是设置了专业标准，对评估主体提出了更高的要求。

二、评估主体参与并购重组业务的状况

上市公司并购重组进程中，有多家资产评估机构对目标企业的价值进行评估，并出具资产评估报告。本书通过对2012—2014年三年间审核通过的并购重组类型为发行股份购买资产（含发行股份或现金支付买资产）的项目所涉及的资产评估报告的出具机构进行数据搜集和统计，得到按出具资产评估报告数量进行排名的结果如表4-3所示。

表4-3 资产评估机构排名统计（1—10名）

排名（基于报告数量）	报告数量（份）	报告数量所占比例（%）	项目数量（项）
北京中企华	61	14.45	45
中联	53	12.56	36
天健兴业	28	6.64	17
中和	27	6.40	21
中同华	21	4.98	11
上海东洲	20	4.74	16
坤元	16	3.79	13
卓信大华	14	3.32	5
中水致远	14	3.32	7
中通诚	12	2.84	11
合计	266	63.04	182

资料来源：上市公司并购重组资产评估报告信息的统计。

由于参与上市公司并购重组的少部分资产评估机构参与的项目和出具的资产评估报告数量较多，大部分评估机构参与项目数量少且分散，因此本书对出具资产评估报告数量排在前十名的资产评估机构的情况进行了统计。

从参与上市公司并购重组并出具资产评估报告的评估机构分布上看，北京中企华资产评估公司和中联资产评估集团不管是出具的评估报告数量还是参与的上市公司并购重组项目数量都占有绝对优势，分别排在第一位和第二位，合计占有接近30%的市场份额。根据本书统计，排名前十的资产评估机构出具的2012—2014年中国证监会并购重组委员会审核通过的并购重组类型为发行股份购买资产的资产评估报告数量为266份，占所有报告的比例为63.04%。另外根据统计，这十家机构参与的上市公司并购重组项目共182项，占所有项目数量283项的比例为64.66%，接近2/3。由此看出，上市公司由于并购重组业务的复杂性，对企业价值评估水平有极高的要求。因此，上市公司并购重组企业价值评估业务主要集中在少数资产评估机构，具有一定的垄断性特征。

第三节　评估客体

一、并购重组客体的界定

评估客体是指资产评估的对象。针对上市公司并购重组而言，评估客体指的是并购目标资产。本书将发行股份（或发行股份和现金）购买目标企业股权的并购重组业务划入研究范围，因此将本书的研究客体界定为目标企业的股权价值，资产评估是为以并购方上市公司拟发行股份或现金购买目标企业的股权价值做鉴证服务的。

二、目标企业股权比例分布

通过搜集2012—2014年证监会并购重组委员会审核通过的发行股份

购买资产并购重组项目的原始数据统计得知，422 份样本数据中交易股权比例小于等于 50%的共有 47 份，仅占 11.14%，而大于 50%的交易股权比例共有 375 份，所占比重为 88.86%，占有绝对优势，其中 100%股权比例交易的共有 290 份，所占比重也达 2/3 以上（如表 4-4 所示）。这种现象说明目前上市公司并购重组的目的主要是取得目标企业的控制权，偏重财务投资的行为相对较少。

表 4-4 并购重组交易股权比例分年度统计

年度	资产评估报告数量（份）	股权比例 K≤50%数量（家）	所占比重（%）	股权比例 50%<K≤100%数量（家）	所占比重（%）	其中 100%股权比例数量（家）	所占比重（%）
2012	64	10	15.62	54	84.38	42	65.63
2013	124	26	20.97	98	79.03	72	58.06
2014	234	11	4.70	223	95.30	176	75.21
合计	422	47	11.14	375	88.86	290	68.72

说明：数据来源于上市公司并购重组资产评估报告信息的统计。

三、目标企业是否上市

本书将并购重组业务中的交易双方称为并购方和目标企业。由于本书研究范围限制在上市公司并购重组企业价值评估，因此并购方均为上市公司。本书对 2012—2014 年中国证监会并购重组委员会审核通过的发行股份购买资产并购重组业务中的评估客体即目标企业是否为上市公司分年度进行了统计，统计结果显示三年间绝大多数目标企业均为非上市企业，在 422 份样本中 2012 年的目标企业均为非上市企业的共 64 家，2013 年和 2014 年非上市目标企业分别为 119 家和 229 家，分别占比为 95.57%和 97.86%，占有绝对优势（如表 4-5 所示）。

表 4-5 目标企业上市情况统计

年度	目标企业上市		目标企业非上市		合计（家）
	数量（家）	比例（%）	数量（家）	比例（%）	
2012	0	0	64	100	64
2013	5	4.03	119	95.97	124
2014	5	2.14	229	97.86	234
合计	10	2.37	412	97.63	422

资料来源：并购重组交易报告书、上市公司公告信息的统计。

四、目标企业行业分布

如表 4-6 所示，按照中国证监会的行业分类标准，目标企业行业可分为采矿业、制造业、建筑业、金融业和房地产业等 16 个门类。通过搜集分析数据得到目标企业的行业集中度变化如下：2012 年审核通过的并购重组项目中，目标企业的行业主要集中在制造业，采矿业，建筑业，以及电力、热力、燃气及水生产供应业，分别占比为 51.56%、14.06、9.38%和 9.38%。2013 年目标企业的行业主要集中在制造业，信息传输、软件和信息技术服务业，文化、体育和娱乐业，分别占比为 41.94%、16.94%和 8.87%。2014 年行业分布情况与 2013 年类似，排在前三位的行业与 2013 年相同，但各自占比增加到了 44.02%、24.36%和 11.11%。从 2012—2014 年总的情况来看，信息传输、软件和信息技术服务业以及文化、体育和娱乐业上升速度较快，而采矿业、建筑业和餐饮业作为目标企业的比重有一定程度的下降。

表 4-6 并购重组行业分布统计表

目标企业所在行业	目标企业数量（家）2012 年	行业比例 2012 年（%）	目标企业数量（家）2013 年	行业比例 2013 年（%）	目标企业数量（家）2014 年	行业比例 2014 年（%）	数量合计（家）	行业比例 2012—2014 年（%）
A 农、林、牧、渔业	0	0.00	2	1.61	2	0.85	4	0.95
B 采矿业	9	14.06	6	4.84	1	0.43	16	3.79
C 制造业	33	51.56	52	41.94	103	44.02	188	44.55
D 电力、热力、燃气及水生产和供应业	6	9.38	7	5.65	14	5.98	27	6.40
E 建筑业	6	9.38	4	3.23	4	1.71	14	3.32
F 批发和零售业	3	4.69	4	3.23	6	2.56	13	3.08
G 交通运输、仓储和邮政业	0	0.00	6	4.84	2	0.85	8	1.90
H 餐饮业	2	3.13	1	0.81	0	0.00	3	0.71
I 信息传输、软件和信息技术服务业	2	3.13	21	16.94	57	24.36	80	18.96
J 金融业	1	1.56	1	0.81	2	0.85	4	0.95
K 房地产业	0	0.00	0	0.00	6	2.56	6	1.42
L 租赁和商务服务业	0	0.00	3	2.42	0	0.00	3	0.71
M 科学研究和技术服务业	0	0.00	0	0.00	5	2.14	5	1.18
N 水利、环境和公共设施管理业	1	1.56	0	0.00	6	2.56	7	1.66
O 居民服务、修理和其他服务业	0	0.00	6	4.84	0	0.00	6	1.42
P 教育	0	0.00	0	0.00	0	0.00	0	0.00
Q 卫生和社会工作	0	0.00	0	0.00	0	0.00	0	0.00

续表

目标企业所在行业	目标企业数量（家）2012年	行业比例2012年（%）	目标企业数量（家）2013年	行业比例2013年（%）	目标企业数量（家）2014年	行业比例2014年（%）	数量合计（家）	行业比例2012—2014年（%）
R 文化、体育和娱乐业	1	1.56	11	8.87	26	11.11	38	9.00
合计	64	100.00	124	100.00	234	100.00	422	100.00

资料来源：对样本公司并购重组交易报告书、上市公司公告信息的统计。

出现以上现象的原因主要体现在两个方面：一是资本市场具有资源配置的功能。中国经济经过多年的高速发展，原有的投资驱动型、出口驱动型模式有了重大转变，那些市场潜力大、毛利率高、增长速度快的行业正更多地利用资本市场进行融资，并购重组是其中重要的部分。二是国家政策对于产业发展的方向有明确的指引。例如，“十三五”期间国家制定了新兴产业发展战略，在并购重组案例中有明显体现。

第四节　价值类型统计

一、并购重组价值类型的界定

价值类型是指被评估资产的价值属性，分为市场价值和市场价值以外的价值两大类别，是资产评估报告中要求必须披露的事项。市场价值以外的价值又可分为投资价值、在用价值、保险价值等。

二、并购重组价值类型的选择

对所有2012—2014年通过审核的并购重组项目资产评估报告中的价

值类型进行统计发现，422 份样本资产评估报告中采用的价值类型均为市场价值（如表 4-7 所示）。这主要是因为评估机构对于并购重组中涉及的目标企业的价值评定应当是目标企业在评估基准日的市场价值，因此有关部门对资产评估报告审核时要求并购重组企业价值评估报告中的价值类型也是市场价值。

表 4-7　价值类型选择统计

年度	资产评估报告数量（份）	价值类型	
		市场价值	市场价值以外的价值
2012	64	64	0
2013	124	124	0
2014	234	234	0
合计	422	422	0

资料来源：并购重组资产评估报告信息的统计。

第五节　并购重组实施周期

一、实施周期的界定

并购重组行为对上市公司来说是非常重要的经营决策，整个过程从准备到实施需要较长的时间。一般来说，由公司的经营层或者公司的大股东进行并购重组提议，条件成熟便会形成议案提交董事会进行审议。由于上市公司是公众公司，并购重组事件会对公司的产权、经营等方面产生重大影响，因此上市公司会公告停牌，告知公众投资者以及各方公司将发生重大事项的信息。随后，并购方将会召开股东大会就并购重组方案进行表决。表决通过后并购方将会进行各个方面的有针对性的准备，包括与目标企业的进一步接洽、按照有关法规准备并购重组审核需要的材料。由于并购重组往往会带来产权的变更，目标企业的全部股权或者部分股权将会进入交易，并购方需要资产评估机构出具该股权的合理市场价值的评估报告并进行公开披露，从签订业务约定书到出具资产评估报告需要一定的时间。并购方在相关材料准备完备之后便会向证监会提交申请进行并购重组项目审核，证监会并购重组委员会将会定期召开审核会议，对拟进行并购重组的上市公司的材料进行审核确定该并购重组项目是否通过并进行公告。已经通过审核的并购重组项目，由于产权变更需要履行许多法定程序，上市公司从审核通过到实施并购重组方案还需要一定的周期。因此本书将并购重组实施周期界定为从并购方上市公司发布并购重组公告开始至并购重组行为实施完毕发布公告结束，其中第一阶段为方案公告日至方案审核日，可称为审核周期；第二个阶段为方案审核日至方案实施日。

二、实施周期的统计分析

已经通过审核的并购重组项目，由于产权变更需要履行许多的法定程序，上市公司从审核通过到并购重组方案实施需要一定的周期。一般方案实施后上市公司向公众投资者及相关各方公告方案实施的状况，披露交易价格等信息。因此每一个并购重组行为都经过董事会方案、股东会议案、中国证监会重组委员会审核、方案实施等四个阶段。了解并购实施周期及审核周期具有重要意义，一方面由于目标企业的价值评估报告不是无限期使用的，它具有一定的有效期，一般为一年。如果评估报告出具后一年内并购重组行为并没有实施，那么此评估报告就会失效，必须重新进行评估。因此了解并购实施周期十分必要，这对于并购重组中的企业价值评估时机的选取具有一定的指导意义。另一方面，对于并购实施周期及审核周期数据的搜集和测算，可为上市公司并购重组的监管层如中国证监会，改良审核机制提供现实数据上的支持。

本书搜集了上市公司并购重组流程的三个主要的时间节点，即并购重组方案公告日、方案审核日和方案实施日，来分析并购重组中的实施周期及审核周期问题。为了使样本具有可比性，本书对2012—2014年中国证监会并购重组委员会审核通过的发行股份购买资产并购重组项目中按以下条件进行进一步筛选：一是并购方和目标企业为一对一的并购重组，即并购方和目标企业数量均为一家。二是目标企业交易的股权比例超过50%。三是剔除并购重组终止或样本数据缺失等情况。筛选之后的样本数量为154个，通过上市公司的公告、目标企业的资产评估报告、并购重组交易报告书、中国证监会并购重组委员会的公告等途径搜集时间节点证明来计算并购重组的审核及实施周期（如附录部分附表1所示）。通过对样本数据进行分析之后得到以下结果：从方案公告日到方案审核日即审核周期的平均值为237.45天，变化范围从111天到831天，标准差为108.17，虽然样本公司之间有较大差异性，但是可以看出审核周期普遍较长。从方案公告日至方案实施日即并购实施周期的平均值为353.68天，最短为185天，最长达到两年半以上，并购实施周期也普遍较长。从方案审核日至方案实施日的平均周期是116.23天，意味着方案审核通过后到并购实施的时间相对较短（如表4-8所示）。

表4-8　审核周期数据的描述性统计

名　　称	单位	样本量	均值	标准差	最小值	最大值
审核周期　D1—D2	天	154	237.45	108.17	111.00	831.00
并购实施周期　D1—D3	天	154	353.68	149.73	185.00	1 002.00
审核至实施周期 D2—D3	天	154	116.23	94.90	27.00	610.00

资料来源：基础数据来源于上市公司公告、证监会并购重组委员会审核会议公告的统计，详细数据请见附录部分附表1。D1表示方案公告日，D2表示审核通过日，D3表示方案实施日。

第六节　评估方法

一、评估方法的运用比例

从评估方法的选用来看，2012—2014 年三年间中国证监会并购重组委员会共审核通过发行股份购买资产的并购重组事件 283 项，由于一项并购重组事件涉及多个目标企业，可能会涉及多份资产评估报告，因此 283 项并购重组事件涉及的评估报告数量为 422 份。在这些资产评估报告中，所有的报告都是从传统的三种方法即收益法、资产基础法（成本法）和市场法中选择一种作为得出最终评估结论的方法。最终评估结论采用收益法的有 300 份，所占比例为 70%以上，是三种传统方法中运用比例最高的；其次是资产基础法，所占比例接近 30%；最后是市场法，所占比例仅为 1%左右（如表 4-9 所示）。

表 4-9　资产评估报告采用的评估方法分布统计

项　　目	2012 年	2013 年	2014 年	合计
并购重组事件数量（项）	41	74	168	283
涉及评估报告数量（份）	64	124	234	422
最终结论采用收益法的报告数量（份）	32	86	182	300
收益法所占比例（%）	50.00	77.78	77.78	71.09
最终结论采用资产基础法数量（份）	32	36	49	117
资产基础法所占比例（%）	50.00	29.03	20.94	27.73
最终结论采用市场法数量（份）	0	2	3	5
市场法所占比例（%）	0.00	1.61	1.28	1.18

续表

项　　目	2012 年	2013 年	2014 年	合计
报告中涉及市场法数量（份）	6	13	26	45
涉及市场法所占比例（%）	9.38	10.48	11.11	10.66

资料来源：对并购重组资产评估报告信息的统计。

收益法，是资产评估中一大类方法的总称，有不同的表现形式和评估模型。从本质上讲，收益法是被评估资产未来能够获得的预期收益的预测值，结合获得这些预期收益所要承担的风险度量值，计算折现到评估基准日的资产内在价值的一类评估方法的总称。本书对于上市公司并购重组企业价值评估中采用的收益法做了如下界定：资产评估机构以并购重组作为评估目的，预测并购重组的目标企业未来若干年的收益额，测算与收益额相同口径的折现率，按照企业的收益期限将收益额折现到评估基准日现时价值的方法。从企业的特征上看，企业是资产的综合体，由于企业是以盈利为目的的经济实体，企业的价值很大程度上是根据其盈利能力来进行判定的，而收益法是根据资产未来的收益能力来判断资产现时价值的一种方法。从评估目的看，上市公司进行并购重组的目的主要是为了提升企业价值，希望通过并购重组对企业资产进行重新整合，获得正向溢价效应，基于此收益法在上市公司进行并购重组的过程中能够成为最主要的评估方法，所占比重达到70%以上也是符合上市公司并购重组特点的。

从时间上来看，最终采用市场法的比例上升有限，但是我国资产评估报告要求采用两种以上的评估方法，基于此，虽然有些报告最终没有采用市场法的评估结论，但是在报告中也采用了市场法进行评估，这样的评估报告从 2012 年的 6 份增加至 2014 年的 26 份，说明评估人员在评估过程中对于市场法进行了较多的尝试。市场法是在市场上寻找和目标企业相类似的企业作为参照对象，通过将目标企业和参照企业进行对比，然后进行因素调整，进而测算拟进行并购重组目标企业的合理市场价值。从理论上来说，并购重组交易需要目标企业的合理参考价值，因此市场法在并购重组价值评估中的应用是非常合理的。但是在实务操作上，市场法对于一些并购重组项目来说应用具有一定的难度。一方面市场法要求有公开公平的市场环境，而我国不管是证券市场还是股权交易市场都不是非常完善。虽然我国正在建设多层次的资本市场，市场透明度逐渐改善，但是并购重组项目要寻找参照物仍有相当大的难度。一些行业的上市公司相对数量较少，符合参照物条件的则更为有限，所以对市场法的应用制造了极大的障碍。另一方面，我国并购重组的目标企业绝大多数为非上市企业，公开数据较少，如果运用市场法的话一般会采用上市公司作为参照物进行调整。由于非上市企业与上市企业相比差异较大，进行相关因素调整的时候很难确定合理的调整系数，主观性非常强，准确程度也很难把握。因此在目前并购重组项目评估报告中采用市场法的项目较少。我国一级市场和二级市场的不断建设，信息数据库的进一步完善，为市场法的应用奠定更坚实的基础。

二、收益法的参数选择现状

上市公司并购重组企业价值评估选用收益法的参数主要有三个，即收益额、折现率和收益期限。其中，收益额和折现率的口径要一一对应，因此本书将二者放在一起进行说明。

（一）收益额和折现率的选择情况

采用收益法对目标企业进行价值评估有两种途径。途径一：基于发行股份购买资产的评估目的，一方面预测目标企业在评估基准日之后的股权自由现金流量（Free Cash Flow to Equity，FCFE），另一方面考虑时间价值和获得现金流量所需要承担的风险度量与收益额口径一一对应的折现率，在假定目标企业收益期为无限或者有限的情况下将预期股权自由现金流量折现以测算评估企业股东权益价值的方法，称为直接途径。途径二：基于发行股份购买资产的评估目的，在要求股权价值的前提下，不采取直接计算股权自由现金流量的方式，而是首先计算目标企业在评估基准日之后的预期企业自由现金流量，其中包括了股权和债权两个部分。然后考虑时间价值和获得现金流量所需要承担的风险度量与收益额即企业自由现金流量口径对应的考虑股权成本和债权成本的折现率，计算出目标企业整体价值，再在此基础上扣减付息债务价值得到目标企业股权价值的方法，称为间接途径。

根据2012—2014年三年间中国证监会并购重组委员会审核通过的所有的上市公司发行股份购买资产并购重组项目采用收益法的企业价值评估报告进行数据搜集，剔除资产评估说明缺失的部分评估报告，最终得到的样本数量为292个。通过统计可以看出，在采用收益法进行测算的评估报告中计算股权评估价值绝大多数采用的是间接途径，即收益额预测时采用的口径是企业自由现金流量（Free Cash Flow of Firm，FCFF），口径相对应的折现率是加权平均资本成本模型（WACC），利用收益额和折现率计算出企业整体价值之后再扣减债务的价值来得到股权的评估价值。2012—2014年三年间每年采用收益法的样本数量分别为32个、94个和166个，其中采用间接途径方法的分别有29个、85个和155个样本，占比分别为90.62%、90.42%和93.37%，占有绝对优势。其余的报告采用的收益额口径是股权自由现金流量，折现率采用的是运用资本资产定价模型（CAPM）确定的股权成本率。从统计结果上可以看出，三年中采用直接途径进行企业价值评估的样本数量分别为3、9和11，占比分别为9.38%、9.58%和6.63%，比例极低（如表4-10所示）。

表4-10 收益法途径的选择

年度	直接途径（股权自有现金流 & 股权成本率）		间接途径（企业自有现金流 & 加权平均资本成本）		样本数量合计（个）
	样本数量（个）	所占比重（%）	样本数量（个）	所占比重（%）	
2012	3	9.38	29	90.62	32

续表

年度	直接途径（股权自有现金流 & 股权成本率）		间接途径（企业自有现金流 & 加权平均资本成本）		样本数量合计（个）
	样本数量（个）	所占比重（%）	样本数量（个）	所占比重（%）	
2013	9	9.58	85	90.42	94
2014	11	6.63	155	93.37	166
合计	23	7.88	269	92.12	292
年度平均值	7.67	7.55	89.67	92.45	97.34

资料来源：对并购重组资产评估报告信息的统计。

理论上如果各项参数选用合理，那么两种途径得到的结果应当是相等的。但是在上市公司并购重组的实务操作中，虽然运用股权自由现金流量结合股权成本率可以直接计算股权价值，但是评估人员会更多选用企业自由现金流量作为收益额的预测口径，同时利用加权平均资本成本模型（WACC）测算折现率计算出企业的整体价值再减去付息债务的价值来得到股权的价值。采用这种方法处理的原因主要有两个方面：一是在并购重组企业价值评估中，有些企业的 FCFE 可能出现负值，在折算为现值的过程中会增加复杂性。二是因为企业价值评估需要预测评估基准日未来的现金流量，由于目标企业的资本结构在长期环境中有可能发生变化，单纯使用股权自由现金流量没有办法考虑资本结构对目标企业价值的影响。

（二）收益期限的选择

因为企业以持续经营假设为前提，所以在收益法运用中收益期限的确定上绝大多数目标企业的收益期限为无限期。搜集 2012—2014 年证监会并购重组委员会审核通过的并购重组项目的评估报告资料可知，三年中使用收益法的评估报告中除了 7 份评估报告的收益期限为有限期之外，其余的 285 份评估报告的收益期限均为无限期，收益有限期报告所占比例为 2.40%（如表 4-11 所示）。

表 4-11 收益期限的选择

年度	无限收益期的报告数量		有限收益期的报告数量		合计（份）
	报告数量（份）	所占比例	报告数量（份）	所占比例	
2012	31	96.88%	1	3.12%	32
2013	89	94.68%	5	5.32%	94
2014	165	99.40%	1	0.60%	166
合计	285	97.60%	7	2.40%	292

资料来源：对并购重组资产评估报告信息的统计。

收益期限有限期主要有两种情况。第一种情况是目标企业采用合营的方式，具有合营期限。例如中辉乾坤（北京）数字电视投资管理有限公司的经营模式为通过投入资金与各地省、市、县广电部门成立数字电视运营合资公司，在当地独家享有数字电视市场开拓权、经营权、基础有线网络使用权和频点资源占有权，其合营期限到 2039 年。第二种情况是一些特定行业如煤炭开采业、石油加工业和炼焦、核燃料加工业，企业的收益期与矿产的开采、储量相关，所以存在有限的收益期。

收益无限期目前是普遍现象，由于在预测企业收益的过程中，无法判断长期企业未来收益，因此在评估报告中采取分段预测的方式，将整个收益期分成两段，第一段预测评估基准日后若干年如 3—5 年的各年预期收益额，第二段从 3—5 年之后的期间采用保持假设，假定目标企业的预期收益将维持一个稳定的趋势。从搜集的评估报告中可以看出，前一段采用 5 年分年度预测的情况居多。在实务中，许多并购重组的目标企业属于新兴行业，收益波动很大，收益期限也不像传统行业那么稳定，有可能会在市场环境的压力下倒闭。在价值评估中采用无期限的收益期将会高估目标企业的价值。

三、资产基础法的行业分布

与 2012—2014 年三年间企业价值评估中收益法所占比例上升相比，

采用资产基础法的比例有所下降，由 2012 年的 50%下降至 2014 年的 20.94%，说明资产基础法有其局限性，该方法使用的范围受到较大限制，比例会逐渐缩小。资产基础法是指在评估并购重组目标企业的价值时，以目标企业所拥有的资产为基础，分项计算资产的价值如流动资产、固定资产、投资性资产及无形资产等然后加总减去债务后得到企业全部股权价值。由于使用资产基础法只是对于分项资产进行单独核算，无法考虑资产之间的配置给企业带来的溢价，同时对于企业的预期收益潜力也无法进行考量，因此以并购重组带来投资增值为目标来说，该方法就具有一定的局限性。而某些行业由于其行业特点采用资产基础法的会更多一些。2012—2014 年三年中最终使用基础法的评估报告合计 117 份，其中制造业所占比例最高，达到 46.15%，其次是采矿业，所占比例为 13.68%，排在第三位的是电力、热力、燃气及水生产和供应业，所占比例为 8.55%。在同行业的数据中，采矿业和房地产业中均采用资产基础法的评估结果作为最终评估结论的比例分别为 100%和 83.33%，所占比例非常高。除了农林牧渔业没有样本采用资产基础法之外，信息传输、软件和信息技术服务业的 80 份评估报告中只有 3 份采用了资产基础法的评估结果，所占比例也是非常小的（如表 4-12 所示）。

表 4-12 资产基础法的行业分布

行业类别	采用资产基础法的评估报告数量（2012—2014）（份）	比例（%）	行业样本总数（个）	采用资产基础法的报告数量占各自行业比例（%）
A 农、林、牧、渔业	0	0.00	4	0.00
B 采矿业	16	13.68	16	100
C 制造业	54	46.15	188	28.72
D 电力、热力、燃气及水生产和供应业	10	8.55	27	37.04
E 建筑业	3	2.56	14	21.43

续表

行业类别	采用资产基础法的评估报告数量（2012—2014）（份）	比例（%）	行业样本总数（个）	采用资产基础法的报告数量占各自行业比例（%）
F 批发和零售业	7	5.98	13	53.85
G 交通运输、仓储和邮政业	4	3.42	8	50.00
H 餐饮	1	0.85	3	33.33
I 信息传输、软件和信息技术服务业	3	2.56	80	3.75
J 金融业	2	1.71	4	50.00
K 房地产业	5	4.27	6	83.33
L 租赁和商务服务业	1	0.85	3	33.33
M 科学研究和技术服务业	1	0.85	5	20.00
N 水利、环境和公共设施管理业	1	0.85	7	14.29
O 居民服务、修理和其他服务业	2	1.71	6	33.33
P 教育	0	0.00	0	0.00
Q 卫生和社会工作	0	0.00	0	0.00
R 文化、体育和娱乐业	7	5.98	38	18.42
合计	117	100.00	422	27.73

资料来源：对并购重组资产评估报告信息的统计。

第七节　业绩承诺

一、业绩承诺的界定

业绩承诺是由目标企业管理层提出并承诺达到的评估基准日以后未来

若干年的企业经营目标，以及没有达到预定目标的惩罚措施。业绩承诺在上市公司并购重组业务中是一个较为普遍的现象。业绩承诺由目标企业提出，主要目的是为了提高交易价值或者打消并购方的顾虑。目前上市公司并购重组业绩承诺的主要形式有以下两种：

（一）承诺评估基准日后若干年企业净利润的下限

例如，欧朋达公司在评估报告和交易报告中提出业绩承诺如下：欧朋达公司在2014年度、2015年度、2016年度经审计的净利润（扣除非经常性损益前与扣除非经常性损益后的归属于母公司所有者净利润孰低原则）分别不低于11 000万元、13 200万元、15 840万元。

（二）承诺评估基准日后若干年企业净利润增长率的下限

例如，天健兴业评估机构出具的“天兴评报字（2014）第0576号”资产评估报告中的业绩承诺如下：以浦东中软2014年扣除非经常性损益后净利润人民币2 000万元为基数，浦东中软2015年、2016年扣除非经常性损益后净利润年增长率不低于10%，即浦东中软2014年、2015年和2016年扣除非经常性损益后净利润应分别不低于人民币2 000万元、人民币2 200万元、人民币2 420万元。

承诺协议通常还规定如果目标企业未达到承诺的事项将给并购方予以补偿，通常补偿净利润差额。一般来说，对交易实施完毕后的三年内（含实施完毕后的当年）标的资产发生的价值减值和标的公司经审计的净利润（指扣除非经常性损益后的净利润）总和低于预测净利润总和的差额部分应按照约定进行补偿。补偿方式可以有多种形式，按照惯例，补偿义务人优先以现金对价进行补偿，现金不足以补偿时，再以认购的股份偿还，补偿义务人相互承担连带责任。

二、业绩承诺的比例

根据2012—2014年中国证监会并购重组委员会审核通过的并购重组所搜集的企业价值评估报告及交易报告书等数据可以看出，按照分年度数据，随着总样本数的增加，包含业绩承诺的样本数也在逐步增加。2012—2014年每年的业绩承诺样本的数量分别为47个、113个和214个，所占比例分别为73.44%，91.13%和91.45%，尤其2013年和2014年，业绩承诺变成一种常态（如表4-13所示）。

表4-13 业绩承诺的数量和所占比例

年度	总样本数（个）	业绩承诺样本数（个）	所占比例（%）
2012	64	47	73.44
2013	124	113	91.13
2014	234	214	91.45
合计	422	374	88.63

资料来源：对并购重组交易报告信息的统计。

同时，从本次研究所搜集的数据来看，业绩承诺绝大多数都是承诺是按年计算的净利润的绝对数额，还有一小部分承诺是按固定基数计算的增长率，承诺期间集中在三年和五年，如果未能按计划实施并购重组行为，相应期间将会向后顺延。关于惩罚措施，绝大多数目标企业以现金支付实际业绩与承诺数额之间的差额作为未完成业绩承诺的惩罚，如果现金不足以支付，还要支付股权予以补偿。

第八节　评估结论

一、并购规模统计

在发行股份购买资产的并购重组企业价值评估中，并购规模是指目标企业价值体量的大小。由于并购重组业务中的企业价值评估是对目标企业在评估基准日客观价值的鉴证，因此本书认为并购规模可以采用目标企业价值最终的评估结果进行衡量。

通过搜集研究区间内所涉及的资产评估报告的数据，可知按资产评估最终结果计算，2012—2014 年三年间中国证监会并购重组委员会审核通过的发行股份购买资产并购重组项目并购总规模分别为 2012 年6 824 109.24 万元，2013 年14 252 267.39万元和 2014 年26 229 581.56万元，三年的评估报告中并购规模即评估价值总合计数为47 305 958.19万元。通过资产评估报告数据的搜集和统计可以看出，并购规模在研究期间内逐年增加，环比增加的比例分别为 108.85%、84.04%和 284.37%（如表 4-14 所示）。从倍数关系上看，2013 年的并购规模是 2012 年的 2.09 倍，2014 年的并购规模则是 2012 年的 3.84 倍。以上数据说明随着并购重组业务在我国井喷式的增长，评估报告中涉及的企业价值越来越高，并购规模越来越大。

表 4-14　并购规模统计

年度	并购规模总额（万元）	并购规模增长额（万元）	并购规模增长率（%）
2012	6 824 109.24	—	—
2013	14 252 267.39	7 428 158.15	108.85

续表

年度	并购规模总额（万元）	并购规模增长额（万元）	并购规模增长率（%）
2014	26 229 581. 56	11 977 314. 17	84. 04
合计	47 305 958. 19	19 405 472. 33	284. 37

资料来源：对并购重组资产评估报告信息的统计。

二、资产评估增值率分行业分布统计

根据2012—2014年三年内并购重组委员会审核通过的资产评估报告中的评估值增值额和增值率进行分行业的数据统计和归纳。可以看出采用不同方法进行资产评估的行业的增值分布有一定的差异，在同一种方法中，个别行业的增值额相对突出（如表4-15所示）。

表4-15　资产评估增值率行业分布统计

项　　目		资产基础法			收益法		
目标企业行业	行业样本数量（个）	方法样本数量（个）	平均增值额（万元）	平均增值率（%）	方法样本数量（个）	平均增值额（万元）	平均增值率（%）
A 农、林、牧、渔业	4	1	258. 65	0. 43	4	101 185. 08	450. 84
B 采矿业	16	14	153 409. 28	984. 13	12	172 789. 02	1 129. 40
C 制造业	188	181	24 241. 32	111. 18	170	66 741. 79	344. 89
D 电力、热力、燃气及水生产和供应业	27	24	9 434. 74	24. 20	27	68 347. 22	139. 87
E 建筑业	14	12	47 566. 59	137. 77	11	61 031. 32	305. 40
F 批发和零售业	13	11	35 586. 35	78. 93	7	51 936. 28	296. 60
G 交通运输、仓储和邮政业	8	6	51 007. 09	36. 91	8	56 393. 34	128. 18

续表

项　　目		资产基础法			收益法		
目标企业行业	行业样本数量（个）	方法样本数量（个）	平均增值额（万元）	平均增值率（%）	方法样本数量（个）	平均增值额（万元）	平均增值率（%）
H 餐饮	3	1	-14 261.20	-7.55	2	32 066.81	224.20
I 信息传输、软件和信息技术服务业	80	67	207 746.27	78.12	79	88 645.70	1 039.63
J 金融业	4	4	28 427.59	477.57	1	17 591.12	39.37
K 房地产业	6	5	60 103.38	760.11	5	58 562.06	385.52
L 租赁和商务服务业	3	2	74 518.56	193.03	1	124 571.93	147.70
M 科学研究和技术服务业	5	4	33 666.03	215.54	4	61 511.10	519.74
N 水利、环境和公共设施管理业	7	7	16 077.30	53.20	7	37 850.44	176.68
O 居民服务、修理和其他服务业	6	2	7 472.35	69.49	4	47 842.07	1 112.40
R 文化、体育和娱乐业	38	31	17 201.42	76.22	32	61 006.78	607.80
合计	422	372	62 617.72	140.55	374	73 027.90	524.42

资料来源：对并购重组资产评估报告信息的统计。

在采用资产基础法的样本中，采矿业及房地产业增值率最高，分别为984.13%和760.11%，主要原因是相关资产重估价值较大，采矿权、土地使用权、房产存货等资产的原值较低，所以股权交易买卖方对资产重估增值有明确预期。

在采用收益法的样本中，除了采矿业的增值率为1 129.40%之外，居民服务、修理及其他服务业以及信息传输、软件和信息技术服务业增值率也比较高，分别为1 112.40%和1 039.63%。居民服务、修理及其他服务业增值率很高的主要原因在于本次样本采集主要为广告公司，广告公司是典型的轻资产企业，净资产收益水平较高，采用基于未来盈利能力的收益法的评估样本一般都会有较高增值率。信息传输、软件和信息技术服务业增值率较高的原因在于信息技术类相关行业收入、现金流及收益增长较快，股权交易买卖方对并购资产的增长潜力、盈利能力的预期较高。

综上所述，本章围绕评估主体、评估客体、价值类型、并购重组实施周期、评估方法、业绩承诺和评估结论方面等七大类要素对我国上市公司并购重组企业价值评估的现状进行数据搜集和分析。样本数据来源主要包括 2012—2014 年三年间中国证监会并购重组委员会审核通过的并购重组项目所涉及的并购重组委员会审核会议公告、资产评估报告、财务顾问报告、并购重组交易报告书、上市公司不同时点的公告以及上市公司年度财务报告等资料，主要样本数量为 422 个。本章对我国上市公司并购重组企业价值评估的现状进行了全面的分析，同时也为本书第五章和第六章的实证研究提供了分析的基础。

第五章　企业价值评估影响并购市场溢价的实证研究

第一节　研究设想

上市公司并购重组企业价值评估为目标企业的市场价值提供公允价值鉴证意见，为上市公司的并购重组行为提供参考，应当是并购重组行为整体流程中的重要环节。因此探讨企业价值评估对于并购市场溢价的影响具有重要的理论与实践意义，将对并购重组中的企业价值评估有更好的指导作用。

如前所述，国内外学者对于企业价值评估结果与交易定价的关系做了许多实证研究，但对于企业价值评估因素与并购重组实施后的并购方效应的关系研究不足。由于本书研究的对象是上市公司并购重组企业价值评估，上市公司价值最直观的表现就是资本市场，即公众投资者对其认可的程度，因此本章界定了基于协同理论和有效市场假说的并购市场溢价，将其作为并购重组市场效应的体现。同时基于前文第四章对当前中国上市公司并购重组企业价值评估相关因素的实证分析，通过多元回归分析法检验我国企业价值评估因素对并购市场溢价的影响。

第二节　并购市场溢价研究的样本筛选条件

第一，按照中国证监会并购重组委员会对于并购重组类型的划分，本书的并购市场溢价研究中将最具有普遍性的发行股份购买资产及发行股份和现金支付购买资产的并购重组项目作为研究范围，剔除其他并购重组类型如资产置换、吸收合并等。

第二，为了使研究过程更为简化，研究思路更为清晰，剔除涉及多家目标企业的并购重组项目的数据，只保留有一家并购方和一家目标企业的并购重组项目，这样使数据更具有可比性。

第三，由于在测算企业价值评估对并购溢价影响的因素的时候将会用特定年度的企业预测收益的平均增长额作为影响因子之一，因此样本中选用了评估过程采用收益法的并购重组项目，用来搜集评估基准日后三年的收益预测值。

第四，为了使并购重组行为更具有可比性，在本章的实证研究中选取了股权交易比例大于等于51%的并购重组项目。根据前述数据统计，大多数上市公司并购重组项目的股权交易比例都为100%。

综合以上条件在基础样本上进行筛选，得到关于并购市场溢价及其影响因素实证研究的最终样本152个。

第三节　并购市场溢价的界定

上市公司并购重组一直是业界争论的热点。近年来我国上市公司并购重组日益活跃，掀起并购重组浪潮，企业价值评估因素与并购重组效应的研究越来越有重要的意义。企业价值评估在并购重组中的作用、并购重组溢价数值的大小，以及并购重组溢价的影响因素都是需要重点研究的问题。本书以2012—2014年中国证监会并购重组委员会审核通过的上市公司发行股份购买资产并购重组项目为基础，筛选样本进行并购市场溢价的实证分析，检验并购市场溢价与选取的三个影响因素的关系来研究企业价值评估对并购市场溢价的影响。

绝大多数上市公司之所以选择并购重组作为企业发展的重要举措，最根本的目的就是为了提升企业价值，通过并购重组行为将不同企业的资产进行整合，最终达到一加一大于二的目的，即并购方与目标企业整合为一个新的企业主体的价值大于原来两个企业的价值之和。

对于上市公司来说，受并购重组行为影响最为敏感的就是并购方股票的市场价格。一些成熟的资本市场国家例如美国上市公司数量众多，并购参与双方许多都是上市公司，可以对并购方和目标企业的股价同时进行跟踪。但是我国的上市公司比例相对较小，如前所述，上市公司作为目标企业的数量非常少，绝大多数目标企业都是非上市公司，没有直接的市场价格作为参考。因此判断企业并购重组所能带来的影响具有一定的复杂性，选择合适参数的难度更大。本书根据协同理论，认为并购重组完成后经过整合协同的企业价值大于并购重组实施前并购方上市企业价值与目标企业价值之和，因此对于企业价值对并购市场溢价影响的研究将通过计算并购重组实施前并购方和目标企业的市场价值之和与并购实施后上市企业的市场价值之和对比，将二者之间的差额界定为并购市场溢价。

第四节　计算并购市场溢价的步骤

一、确定并购重组前和并购重组实施的时间节点

本书搜集上市公司第一次公告并购重组方案和停牌日期作为并购重组前的时间节点，同时搜集上市公司公告的并购重组方案实施时间作为并购重组实施的时间节点。通过两个时间节点的企业市场价格差异计算并购市场溢价。

二、计算并购重组方案公告日并购方市场价值

搜集152个上市公司样本并购重组方案公告日的股票收盘价和方案公告日的股本情况，将收盘价与股本的乘积作为并购方公告日的市场价值。股票收盘价数据来源于上海证券交易所和深圳证券交易所的上市公司股票交易记录；股本数据来源于样本上市公司披露的股本变化信息。

三、搜集目标企业股权的交易价格

搜集上市公司并购重组中目标企业股权的交易价格，数据来源于样本上市公司公告中的并购重组交易报告书及相关资料。

四、搜集并购重组支付对价时以自有现金支付的数据

在少数样本上市公司的并购重组行为中，该公司支付目标企业交易价格时使用了自有现金，在计算公司价值合计时有可能造成重复计算，因此需要在每个样本公司的交易报告书或者相关公告中搜集以自有现金支付的数据，并在上市公司市场价值与目标企业交易价值之和中将其予以扣除。

五、定义初值

将并购重组方案公告日并购方市场价值与目标企业的并购重组交易价值相加，如果存在以自有现金支付的情况将自有现金数额扣减，本书将计算结果即并购方在并购目标企业前的市场价值界定为初值。

六、定义终值

计算并购重组方案实施日上市公司的市场价值；搜集并购重组方案实施日样本公司的股票收盘价和股本数据；股价数据来源于上海证券交易所和深圳证券交易所的交易记录；股本数据来源于样本上市公司披露的股本变化信息。本书将并购重组方案实施日股票收盘价与股本数据的乘积即并购重组方案实施日上市公司的市场价值定义为终值。

七、将终值扣减初值得到并购市场溢价

如式（5-1）所示：

$$Pre = V_1 - V_0 = P_1 \times Q_1 - (P_0 \times Q_0 + P_t - C) \tag{5-1}$$

式中：Pre 即并购市场溢价；V_1即终值；V_0即初值；P_1即方案实施日股价；Q_1即方案实施日股本；P_0即方案公告日股价；Q_0即方案公告日股本；P_t即最终交易价；C 即自有现金支付数。

第五节 并购市场溢价的构成分析

从并购市场溢价的内容上看，一方面，企业进行并购重组的目的是希望通过整合企业资源获得协同效应；另一方面，在我国企业的并购重组项目中，绝大多数目标企业是非上市企业，非上市企业通过与上市公司进行并购重组以获得整体流动性的上升。因此，从经济意义上看，并购市场溢价来源于协同溢价和流动性溢价两个部分。协同溢价可能存在于横向协同，如在生产的规模提升过程中，单位利润的管理费用、财务费用、人力成本都可能发生变化，同时在市场份额提升后，市场定价能力随之提高，

企业现金流随之变化；也可能存在纵向协同，在客户、技术、服务、资金等方面新企业形成后可能存在更多的、更深入地协作，从而引起企业价值的变化。存在流动性溢价主要是因为并购与被并购企业一般不在同一个市场主体上市，在沪深交易所上市并购非上市企业是主流，其中一个重要的原因是存在流动性差异。2015 年主板、中小板和创业板的平均市盈率倍数大约为 30 倍、50 倍和 70 倍，而非上市企业在地方股权交易市场的交易价格与收益的倍数大都在 10~20 倍，并购完成后，并购双方股权价值会发生明显变化，作为目标企业的股权从非上市到上市流通体现了股权价值的大幅提升。上市公司并购重组完成时股价变动表明了公众投资者对该企业协同效应和流动性溢价的预期。

第六节　企业价值评估对并购市场溢价的影响分析

一、并购市场溢价的影响因素的界定

在并购市场溢价的驱动因素相关性检验研究中选取三个因子，即并购规模因子、行业因子及企业品质因子。原因在于投资者对于以上几个因素对企业价值的影响更为关注，希望了解以下问题：一是并购重组行为中，目标企业被并购股权的规模大小对于并购市场溢价有没有影响，影响程度如何？二是并购方行业对并购市场溢价的影响如何？三是企业自身的品质会不会影响并购市场溢价？因此，本书选择并购规模因子、行业因子及企业品质因子作为对并购市场溢价的影响因素进行分析，并对三个因子分别做如下界定。

（一）并购规模因子的界定

本书中的并购规模是指在上市公司并购重组项目中涉及的目标资产价

值量的大小。上市公司并购重组过程中，通常将评估机构出具的资产评估报告中对于目标资产的市场价值进行客观测算的结果作为交易对价的参考。因此本书采用了目标企业股权的评估价值来衡量并购规模。评估机构出具的资产评估报告在大多数情况下确定的是企业100%股权的价值，而本书所搜集的样本企业中的股权比例大部分也是100%，对于少数的股权比例小于100%的企业股权样本的评估价值已经在原来全部股权的评估值基础上进行了修正。

（二）行业因子的界定

由于本书研究对象为上市公司的并购重组项目中涉及的企业价值评估，上市公司具有较为完善的行业指数信息，本书根据目前行业的具体划分，将152个样本公司分行业归类，并对每个样本公司并购重组方案公告日和并购重组方案实施日的分行业指数分别进行搜集。目前根据我国证券交易所提供的行业指数将其具体划分为16类指数，即399231农林指数、399232采矿指数、399233制造指数、399234水电指数、399235建筑指数、399236批零指数、399237运输指数、399238餐饮指数、399239 IT指数、399240金融指数、399241地产指数、399242商务指数、399243科研指数、399244公共指数、399248文化指数和399249综企指数。样本信息搜集完毕之后，将并购重组方案实施日的分行业指数与并购重组方案公告日的分行业指数的差额界定为行业因子，代表公众投资者对并购方上市企业所在行业并购重组效应的预期。

（三）企业品质因子的界定

对于目标企业品质的衡量，如果是上市公司，可以通过公开的信息例如市盈率倍数（P/E）或者每股收益率（ERP）等指标来衡量企业的品质。但是由于我国并购重组项目中的目标企业绝大多数都是非上市企业，多数信息是非公开的，寻找衡量企业品质的指标具有一定的困难。企业是一个以盈利为目的的资产综合体，因此企业品质的衡量指标首选应当是企业的未来盈利能力。对于企业盈利能力的预期，评估中介机构都会在采用收益法评估的资产评估报告中进行说明。本书选取的企业品质因子是基于评估机构对于目标企业收益预期来计算的，是评估基准日后预期三年净利润的平均增长值。

二、并购市场溢价影响因素的实证检验

本书采用多元回归方法，运用 Stata 软件对三个因子即并购规模因子、行业因子和企业品质因子进行实证检验，检验三个因子对并购市场溢价的影响且影响程度如何。

本书将 *Pre* 定义为并购市场溢价，*sc* 定义为并购规模因子，*se* 定义为行业因子，*qu* 定义为企业品质因子。

（一）搜集样本数据并进行梳理和测算形成并购溢价表

通过并购重组委员会审核会议公告、上市公司公告、并购重组交易报告书、股票行情软件等途径搜集 152 个上市公司的样本数据，包括并购重组方案公告日、方案实施日、方案公告日的上市公司股票收盘价、方案实施日的上市公司股票收盘价、方案公告日的股本、方案实施日的股本、并购重组的最终交易价以及运用自有现金支付的数额，经过计算，完成并购市场溢价表（如附录部分附表 2 所示）。

并购市场溢价=终值-初值

=并购后上市公司市场价值-（并购前并购方企业市场价值+目标企业实际交易价） (5-2)

式中：

并购后上市公司市场价值=方案实施日股价×并购实施日股本

并购前并购方企业市场价值=方案公告日股价×方案公告日股本

从并购市场溢价的统计结果（表 5-1）以及附录部分附表 2 可以看出，152 个样本量中市场溢价大多数为正值，所占比重约为 85%。并购实施时的上市公司市场价值平均相当于并购前并购方企业市场价值增长 70.66%，说明大多数标的公司的发展前景以及被并购之后所产生的协同效应和流动性溢价被投资者普遍看好。

表 5-1　并购市场溢价的描述性统计　　单位：万元

变量定义	样本量（个）	均　值	标准差	最小值	最大值
初值	152	572 283.61	518 245.07	98 240.70	3 491 749.52
终值	152	976 702.98	1 201 742.09	150 178.95	9 332 587.02
并购市场溢价	152	404 419.36	825 486.50	-550 536.62	6 966 751.44

资料来源：附录部分附表 2。

（二）搜集样本数据并计算获取并购规模因子、行业因子和企业品质因子

通过上市公司并购重组资产评估报告书、交易报告书、财务顾问报告书、股票行情软件、上市公司公告等途径搜集上市公司的 152 个样本数据，包括上市公司的行业代码、并购重组方案公告日、方案实施日、并购重组方案公告日的上市公司所在行业指数、方案实施日的上市公司所在行业指数、资产评估报告中的评估基准日后三年的净利润预测值和最终评估结果，经过计算得到并购规模因子、行业因子和企业品质因子（如附录部分附表 3 所示）。其中，并购规模因子由目标企业评估值来界定，行业因子由方案实施日与方案公告日的上市公司所在行业指数的差值界定，企业品质因子由企业未来收益预测值的平均增长额来界定，三个因子的描述性统计情况如表 5-2 所示，从均值、标准差以及最小值和最大值来看，样本企业之间的差异比较明显。

表 5-2　并购市场溢价影响因素的描述性统计

变量定义	样本量（个）	均值	标准差	最小值	最大值
并购规模因子	152	147 034. 01	299 104. 09	4 867. 00	2 407 549. 52
行业因子	152	336. 35	375. 96	-865. 98	1 951. 92
企业品质因子	152	2 031. 29	4 076. 00	-17 624. 38	28 112. 50

资料来源：附录部分附表 3。

在运用回归分析对并购市场溢价的影响因素进行检验之前，有必要对被解释变量即样本的并购市场溢价和三个解释变量即并购规模因子、行业因子及企业品质因子做散点图，以便对被解释变量和解释变量之间的关系有一个直观的了解。从图上看，可以大致看出三个解释变量对被解释变量存在正向影响（如图 5-1、图 5-2 和图 5-3 所示）。

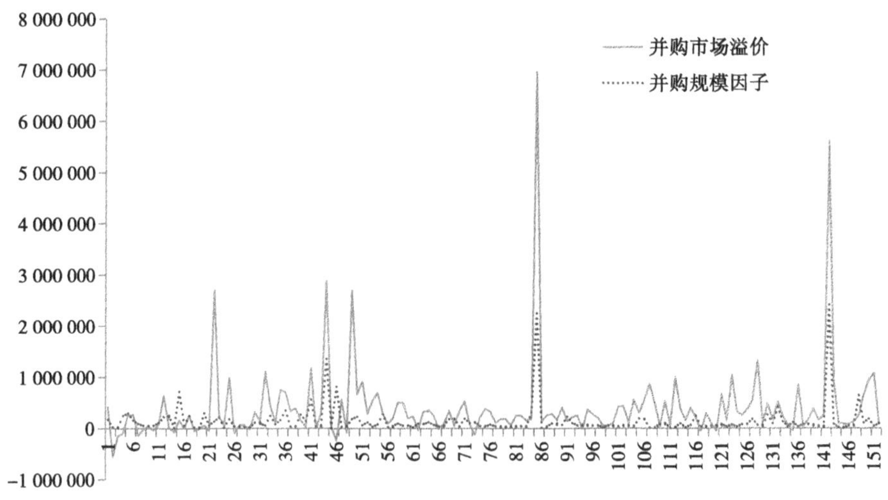

图 5-1　并购市场溢价与并购规模因子的对比

资料来源：对上市公司并购重组资产评估报告书、并购重组交易报告书、股票行情软件、上市公司公告中的数据信息进行整理。详细数据请见附录部分附表 3。

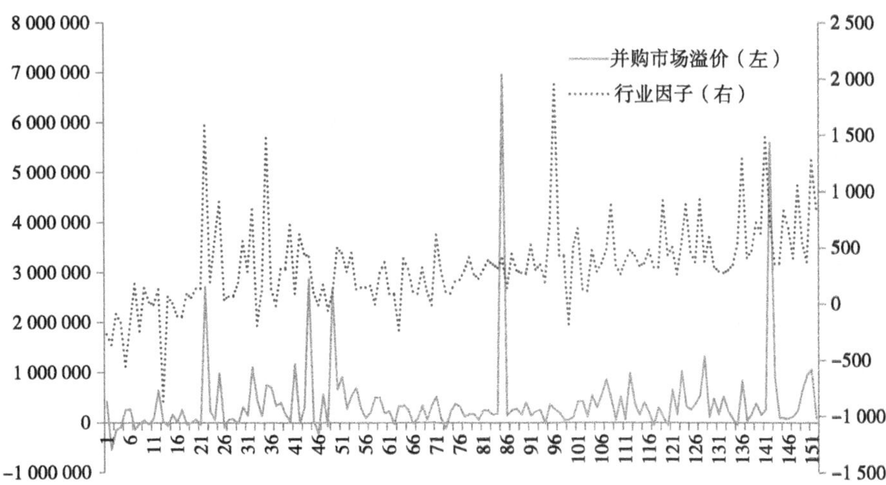

图 5–2　并购市场溢价与行业因子的对比

资料来源：对上市公司并购重组交易报告书、股票行情软件、上市公司公告中的数据信息进行整理。详细数据请见附录部分附表 3。

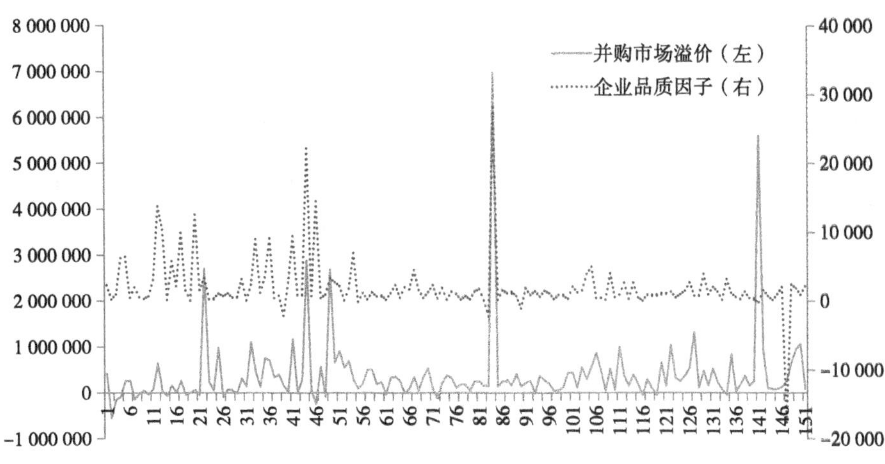

图 5–3　并购市场溢价与企业品质因子的对比

资料来源：对上市公司并购重组资产评估报告、交易报告书、股票行情软件、上市公司公告中的数据信息进行整理。详细数据请见附录部分附表 3。

（三）运用 stata 软件进行回归分析，得到回归结果

将 152 个上市公司的并购市场溢价（*Pre*）、并购规模因子数据（*sc*）、行业因子数据（*se*）和企业品质因子（*qu*）数据用 stata 软件进行回归分析，得到回归结果（如表 5-3 所示）。

表5-3　并购市场溢价和影响因素回归检验结果

. regress pre sc se qu

source	ss	df	MS			
Model	72 148 160.3	3	24 049 386.8	Number of obs	=	152
Residual	30 747 462	148	207 753.121	F(3，148)	=	115.76
				Prob > F	=	0.0000
				R-squared	=	0.7012
				Adj R-squared	=	0.6951
Total	102 895 622	151	681 427.962	Root MSE	=	455.8

pre	Coef.	Std. Err.	t	P>|t|	[95% Conf. Interval]	
sc	2.006 414	0.147 099 1	13.64	0.000	1.715 728	2.297 1
se	0.5 441 571	0.101 740 1	5.35	0.000	0.343 106 2	0.745 208
qu	0.0 268 552	0.011 013 7	2.44	0.016	0.005 090 7	0.048 619 6
_cons	-128.169 4	56.085 21	-2.29	0.024	-239.000 7	-17.338 16

具体说明如下：从回归结果可以看出，R^2为0. 701 2，调整后的 R^2也达到0. 695 1，对于横截面数据来说，模型拟合的效果良好。从 t 值来看，在 95%的置信区间内，并购规模因子、行业因子和企业品质因子的 t 值分别为 13. 64、5. 35 和 2. 44，均通过了显著性检验，统计分析结果说明并购规模、被市场看好的行业、企业预期收益增长对市场并购溢价均有很大影响（如表 5-4 所示）。

表 5-4　实证检验结果说明

	系数 （t 值）
并购规模因子（*sc*）	2. 01*** （13. 64）

续表

	系数 （t 值）
行业因子（*se*）	0.5422＊＊＊ （5.35）
企业品质（*qu*）	0.0269＊＊ （2.44）
常数项（*cons*）	-128.17＊＊ （-2.29）
样本量	152
R^2	0.701 2
F 值	115.76

注：＊＊、＊＊＊分别表示在5%、1%水平下显著。

1. 并购规模因子对并购市场溢价影响很显著。并购规模越大，对于公众投资者来说，愿意支付的市场溢价越高，意味着在一项并购重组业务中，目标企业的整体规模直接影响市场对于该企业并购的认可程度。目标企业的评估值大小对于并购市场溢价的影响非常显著。因此目标企业价值的评估结果的准确度对于并购市场溢价效应是非常重要的。

2. 行业因子对并购市场溢价的影响很显著。被市场看好、有发展潜力的行业能够提高并购市场溢价，说明一项并购重组业务能够得到市场的认可，并购方所处的行业是非常关键的。投资者认为增长速度快，发展潜力大，被市场看好的，受到广泛关注的热门行业会得到更多的并购市场溢价。

3. 企业预期收益增长额对于并购市场溢价也有重要的影响。企业的盈利能力是判断企业价值重要的因素之一，投资者希望目标企业未来的盈利能力及时反映到上市公司的价值中。因此在并购重组过程中，目标企业的收益增长额越高，意味着该企业收益潜力越大，相应的并购市场溢价就会越高。

在三个并购市场溢价的影响因子中，并购规模因子和企业品质因子的数据都来源于上市公司并购重组中目标企业价值的评估报告，从实证结果可以看出，这些企业价值评估因子与并购市场溢价之间有密切联系，对并购市场溢价有非常重要的影响。

并购重组之所以有较大的发展空间，最主要的原因是一加一大于二，即产生协同效应。当然在实务中协同效应可能为正，也可能为负。从数据统计上可以看出并购前后的市场溢价是普遍现象，这些溢价就是并购重组投资的动力。如果并购重组交易价格和评估结果比较接近，那么就为并购重组完成后的价值增值提供了空间。按照惯例协同效应和流动性溢价都会在一个相对合理的范围内，如果溢价特别大就说明评估过程可能存在一定的瑕疵。因此对上市公司并购重组企业价值评估存在的问题进行分析，提高并购重组中目标企业价值评估结果的准确度，从而为并购重组行为定价参与各方提供更合理的参考意见，是非常重要的。

第六章　上市公司并购重组企业价值评估存在的问题及改进建议

第一节　收益法的运用

根据本书第四章的统计结果，2012—2014年中国证监会并购重组委员会审核通过的并购重组项目资产评估报告中收益法、资产基础法和市场法三种方法中收益法所占比重是65.42%，远超过其他两种方法，是最重要的评估方法。收益法在上市公司并购重组企业价值评估的应用中主要考虑三个变量，即折现率、收益额和收益期限，尤其前两个变量的预测对于评估结果的准确性和可靠性均有重大影响。本章将基于收益额和折现率参数选择的视角对上市公司并购重组企业价值评估运用收益法存在的问题及改进建议进行梳理和分析。

一、收益额预测存在的问题及改进建议

（一）收益额预测存在的问题

2012—2014年证监会并购重组委员会审核通过的并购重组项目的评估报告中，绝大多数评估机构采用企业自由现金流量作为收益额预测的口径。对于未来收益的测算，主要是通过对目标企业的财务报告中披露的评估基准日前的营业收入、营业成本和其他财务资料进行核对以及对目标企业所在行业进行市场调研、分析上，根据其经营历史、市场未来发展等综

合情况做出一种对于盈利能力的专业判断。资产评估机构人员对于未来收益的预测具有一定难度，各方对于评估人员对企业未来收益预测的准确性一直都是有争议的。本书将2012—2014年并购重组委员会审核通过的所有并购重组项目出具的评估报告作为基础样本，对评估机构和人员预测目标企业收益的准确性进行实证分析。

1. 判断收益预测准确性程度的方法。搜集2012—2014年我国并购重组委员会审核通过的上市公司并购重组报告披露的未来收益预测的数据，与并购完成后上市公司披露的目标企业对上市公司的收益贡献数据，将两者进行对比，分析偏离程度。

2. 收益预测样本筛选条件。

（1）由于拟将收益预测数据集中在2012—2014年三年，所以选择评估报告基准日存在于2011年、2012年、2013年的评估报告，搜集评估基准日后至2014年的收益预测值。

（2）并购重组类型选择发行股份购买资产。

（3）选择交易的股权比例为100%的资产评估报告，因为在这种情况下，目标企业通常在并购完成后成为上市公司的子公司，在财务报告中会披露该子公司对母公司的收益贡献值，一般为净利润的数值，本书将其作为收益实际值，与收益预测值进行比较。

（4）选择已经实施并购重组的项目。

（5）选择在资产评估过程中应用了收益法的资产评估报告。

（6）选择并购重组完成后上市公司财务报告中披露子公司（原目标企业）收益额的样本。

3. 收益额预测值和实际值的口径选择。上市公司并购重组企业价值评估中企业收益预测的口径通常是企业自由现金流量，由于企业自由现金流量的测算是以净利润的测算为基础的，而并购完成后上市公司年度财务报告中披露的子公司的收益数据口径也是净利润，因此本次分析中收益额预测值和实际值对比的口径均为净利润。

4. 所需数据来源。本次实证分析的收益预测值的数据来源于本书第五章企业品质因子采用的资产评估报告中收益法的分年度预测数据，分为2012年、2013年和2014年，时间节点均为12月31日。通过查询并搜集并购重组完成后相对应年份的上市公司的年度财务报告，得到对于子公司（原目标企业）的收益实际值数据。

5. 收益预测准确性的分析过程。经过样本筛选之后，得到194组收益预测值和收益实际值的数据，通过计算拟合优度来判断收益预测的准确程度。首先进行收益预测值和收益实际值的描述性统计分析（如表6-1所示），其次，绘制折线图，从图中可以看到收益预测值和实际值的直观差异（如图6-1所示），最后通过对194组数据中的收益预测值和收益实际值进行分析，计算拟合优度，判断偏离程度（如附录部分附表4所示）。

表6-1　收益预测值与实际值的描述性统计　单位：万元

变量定义	样本量（个）	均值	标准差	最小值	最大值
净利润预测值	194	9 464.76	14 686.46	-131.00	147 032.00
净利润实际值	194	10 921.49	21 897.86	-2 218.00	147 032.00
偏离程度（%）	194	-2.17	32.09	-343.50	127.75

资料来源：净利润预测值数据来源于上市公司并购重组资产评估报告，净利润实际值数据来源于并购重组完成后财务报告中披露的目标企业净利润数值。

根据附录部分附表4和表6-1的数据，运用下列公式计算拟合优度为0.45。

$$拟合优度=\frac{解释变差}{总变差}=\frac{\sum(预测值-实际值均值)^2}{\sum(实际值-实际值均值)^2} \tag{6-1}$$

6. 对实证研究结果的分析。从数据分析的结果（如表6-1和附录部分附表4所示）和绘制的对比折线图可以看出，收益预测值和收益实际值偏离程度较大，偏离程度最小值为负向的343.50，最大值为正向的127.75。计算的拟合优度为0.45，也证明了二者之间具有较大偏差。以收益预测值高于收益实际值为例，可以看到收益预测值超过实际值共有63

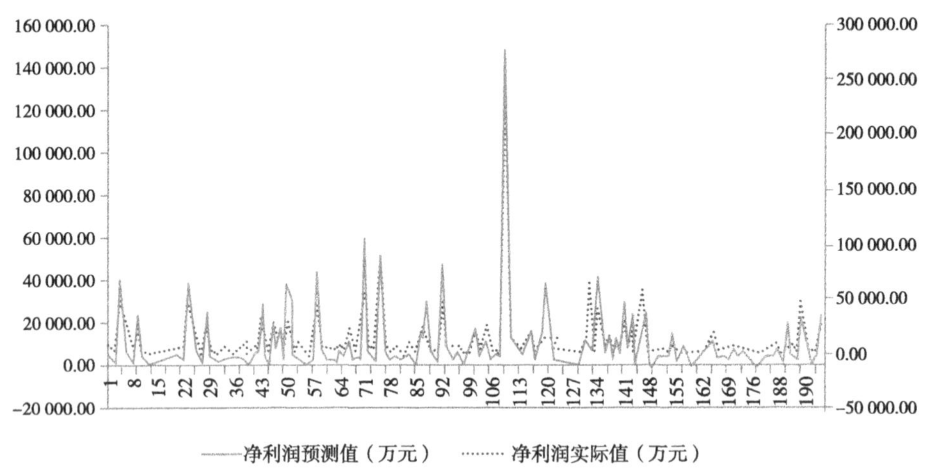

图 6-1　收益预测值与实际值对比图

资料来源：上市公司并购重组资产评估报告及上市公司年度财务报告。

个样本，计算预测值与实际值的平均偏离程度（二者差额占实际值的比例）为 104.40%，说明目标企业实际的收益与资产评估预测值相比偏离度很高，而且是普遍存在的现象，因此评估人员对于收益预测的专业性会受到质疑。企业自由现金流的预测是一个复杂的过程，在上市公司并购重组评估实务中所依靠的更多是通过目标企业的历史财务报告数据，通过评估人员分析宏观微观数据对目标企业的影响，对目标企业的未来收益情况进行预测，计算目标企业的未来自由现金流量。对于委托方来说，收益预测的误差可能会影响目标企业的管理，对公众投资者来说也是不公平的。误差较大的评估结论可能会导致投资选择出现较大的偏差，这样会影响资本市场的有效性。

（二）收益额预测的改进建议

如果想要改进收益额的预测的准确性，首先要了解评估基准日后近期收益预测值与实际值产生偏差的主要原因，体现在两个方面：一是评估人员只是评估其目前的静态市场价值，即不考虑并购重组带来的影响，只是测算孤立的企业价值。在宏观环境和行业环境没有出现大的波动的情况下，收益额预测出现较大偏差主要是因为评估人员对于评估过程及参数的选择存在局限性。二是评估人员对于并购重组估值数据处理有些机械，更多采用固有模型，对于被评估目标企业所处行业的认知、对于目标企业自身的认知不完备，行业和企业分析预测不到位，导致一些参数如现金流预测存在较大误差，对于评估结果具有重大影响。综合以上几种情况提出改进建议如下：

第一，评估人员在收益预测时应当考虑并购重组因素会带来的影响。有部分评估机构认为并购重组企业价值评估只是对企业目前的状态进行分析，而不应该考虑未来并购重组行为会带来的影响，这一部分影响应当由财务顾问进行判断而与评估人员无关。本研究认为这种观点具有一定的局限性，虽然并购重组中的企业估值不是最终的定价，但它对于社会公众投资者来说具有非常重要的意义，公众投资人需要看到第三方机构给出的基于并购重组目的的公正客观的目标企业价值评估报告。评估人员是了解目标企业未来并购路径及相关信息的，因此在采用收益法进行企业收益预测时应该考虑并购重组行为可能会带来的不确定性。一旦并购重组行为完成，目标企业可能发生了业务转型，收益状况会发生较大的变化，预测值和实际值之间的差距也可能会缩小。评估人员考虑并购重组的特征之后，评估结果应该会更贴近合理的价值。

第二，资产评估行业应当建立完备的行业数据库，提高行业分析的专业水平。我国目前资产评估发展的一个主要的问题就是数据库不够完备，尤其是行业分析的数据平台非常有限，因此在目前的资产评估报告中，利用收益法预测收益时对于行业预测的处理不够专业，行业预测分析也不够准确，尤其是对于新兴行业的处理也存在问题，收益预测值与实际值差额比较大就说明评估人员的处理手段存在一些瑕疵。预测值与实际值具有一定的差异是正常的，但如果不在合理范围内就无法以未来不确定性进行解释，那就意味着有些评估结果是有失公允的。资产评估行业协会和资产评估机构应当加强行业信息的搜集，建立资产评估行业分析数据库，尤其是对新兴的行业，采用传统方法进行分析肯定会导致收益预测的误差。

二、折现率测算存在的问题及改进建议

（一）关于折现率的解读

如前所述，按照2012—2014年间审核的上市公司并购重组项目企业价值评估采用收益法的评估报告的数据搜集结果，最普遍采用的就是根据目标企业的加权平均资本成本模型（WACC）测算的折现率。加权平均资本成本模型就是计算目标企业债务成本率和股权成本率的加权平均数并将其作为收益法中的折现率。由于折现率本质上就是投资报酬率，企业资金的报酬率主要从两个方面体现：一方面是债权人要求的回报率，可称之为债务成本率；另一方面是股东要求的回报率，可称之为股权成本率（如图6-2所示）。在计算评估基准日目标企业的价值时将二者纳入公司的融资成本计算，即计算二者的加权平均数，权数是二者分别占债务资本和股权资本之和的比重。

$$WACC = r_d \frac{D}{D+E}(1-T) + r_e \frac{E}{D+E} \qquad (6-2)$$

式中：$WACC$ 即加权平均资本成本；r_d 即债务成本率；r_e 即股权成本率；D 即债务额；E 即净资产数额；T 即所得税率。

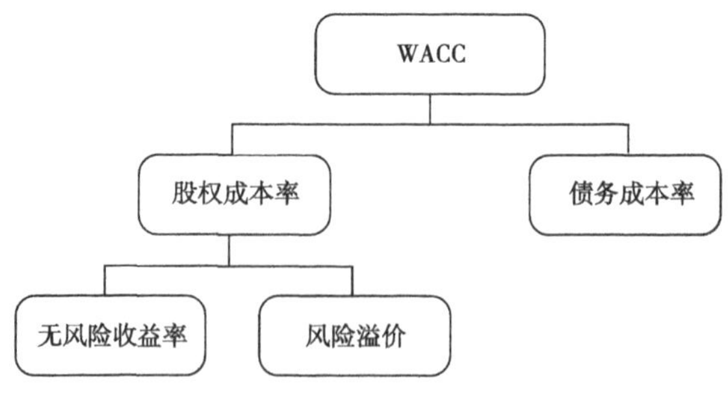

图6-2　加权平均资本成本WACC的构成

（二）债务成本率存在的问题及改进建议

债务成本率存在的主要问题是这种非市场化的利率计算方式导致对于未来债务成本的预测没有合理标准，债务成本存在一定的缺陷。

按照目前搜集的2012—2014年审核的上市公司并购重组资产评估报告数据中对于债务成本率的处理，是将评估基准日前目标企业的付息债务除以净资产和付息债务之和作为预期的债务成本率，采用历史数据确定未来债务融资的成本。由于我国金融市场的管理受到一定限制，债务资金成本以中央银行及中国人民银行的基准利率为标杆上下浮动一定幅度，是相对稳定的。但是，我国的金融市场具有明显的二元性特征，大型的国有企业债务融资成本非常低，基本与我国中央银行的基准利率持平，上浮幅度很小。而我国的中小企业融资就非常困难，即使融资成功，债务融资成本与大型国企不同，会达到信托产品的水平。因此中小企业和大型国企相比，债务融资成本要高5%~6%。这种融资成本的差额会造成未来债务成本预测的标准不一，进而导致无法进行合理预测。

关于债务成本率改进建议主要有两个方面：一是积极推动我国的利率市场化的进程，逐步打开利率市场的上下限，加强利率市场的波动，进而改变目前我国利率市场的二元化的状况。利息变化同过去相比会有较大波动，一些经验值会发生较大改变，这对于在资产评估过程中如何合理确定预期的债务成本率具有很重要的意义。利率市场化是一个渐进的过程，更为合理化的债务成本是未来改进的方向。二是从企业价值评估的角度来说，对于债务成本的测算应当引起足够重视，建议基础利率应该经过修正才能作为债务成本预测的基础。例如可以在上海银行间同业拆借利率（Shanghai Interbank Offered Rate，Shibor）的基础上附加债务风险溢价来进行债务成本率的预测，债务风险溢价可以通过债券级别进行判定。

（三）股权成本率存在的问题及改进建议

股权成本率由两部分构成，即无风险报酬率和股权风险溢价。根据本书搜集的样本进行统计，目前股权成本率采用最多的方法就是资本资产定价模型（CAPM）如式（6-3）所示。

$$r_e = r_f + \beta(r_m - r_f) + \varepsilon \quad (6\text{-}3)$$

式中：r_e即股权成本率；r_f即无风险收益率；β即风险协变系数；r_m即市场投资报酬率；ε即企业个别风险。

1. 无风险收益率的选择。在本书选择的研究样本中，评估机构在选择无风险收益率时都选取了国债利率，国债发行的期限也大多为 10 年以上。但是在具体的国债利率处理上却不相同。有些报告中采用的是单一的 10 年期国债利率，有些报告中选择的是特定期间内如 5 年内发行的一组 10 年期以上国债的平均收益率，目前缺乏统一的标准。

在资本资产定价模型中，无风险资产与投资风险是不相关的，它是被定义为风险为零的投资资产。在现实计算股权成本率的过程中，无风险收益率是非常重要的，在其他条件保持不变的情况下，无风险收益率越高，折现率会越高，而评估值会越低。另外，如果无风险收益率上升或下降影响企业中现有资产和增长型资产的分配，那么对于成长性公司价值的影响相对于成熟型企业来讲更大。上市公司并购重组项目中选择的目标企业有很大的比例具有良好的成长性，因此无风险收益率的变化对于目标企业的评估价值影响会更大一些。

严格说来，无风险收益率如果可以在企业价值评估中正确使用，应当保证投资行为是无违约风险的，所以政府债券更符合条件。另外，无风险收益率采取的样本即使是无违约风险的政府债券，债券的期限也要与评估所需时限相适应。按照西方国家的理论，没有违约风险的证券发行主体是国家，任何私人主体不管是多大的企业，都或多或少存在一定的违约风险，所以国债是无风险收益率的首选。另外，2004 年标准普尔使用了红利贴现模型评估的标准普尔 500 指数的股权久期大约 16 年，由于红利低于股权现金流，标准普尔 500 指数真正久期会更低，更靠近 8 年或 9 年。按面值定价的 10 年息票债券的久期接近于 8 年，因此将 10 年期国债利率作为无风险利率①。

我国目前企业价值评估对于无风险收益率大多选择10年期国债利率与国际惯例不无关系，但是应该意识到我国和许多西方国家包括美国的情况并不相同。我国虽然不属于成熟型市场，但是我国属于全球第二大经济体，经济与政治环境非常稳定，在违约风险方面同其他的发展中国家相比是非常小的。按照成熟市场理论，除了国家以外，任何其他私人经济体都可能具有违约风险，所以国债是最主要的无风险收益率的参照。但是我国的情况有所不同，除了国债以外，一些国有的大型金融机构的债券的发行信用等级也非常高，如中国工商银行等。同国债一样，这些国有金融机构几乎不存在违约风险，在无风险收益率的选取上也可以作为参照，当然前提是具有较强的连续性。

针对目前无风险收益率的选取情况，建议中国证监会或者上市公司并购重组企业价值评估的管理部门对无风险利率的选取设定标准，目前的方式过于随意，虽然都是采取国债利率，但是处理的方式各异，缺乏细化统一的标准，得出的无风险收益率也具有较大差异。如果以同期国债利率平均数作为参考，那么就要每年定期选择国债品种进入样本池，定期公布无风险收益率的数额。例如，将10年期国债收益率的数据进行分析，得出平均值，每个季度公布一次。或者除了国债以外，在样本池中加入连续性强的信用等级高的发行主体的债券，按照一定的比例采用加权平均的方式确定无风险收益率。这样评估机构就可参照统一的标准，对于同一类型的企业，在相近的时间段，所有的评估机构都采取同样的无风险收益率，对于减少上市公司并购重组企业价值评估误差以及增加可比性都具有重要意义。

2. 风险溢价的测算。风险溢价可以通过不同途径得出。途径一，运用资本资产定价模型，通过搜集同行业上市公司历史数据进行回归或者计算

① 达摩达兰．估值：难点、解决方案及相关案例［M］．北京：机械工业出版社，2015：117-118.

协方差得到β值，或者通过一些资讯机构如 Wind，Bloomberg 等得到目标企业所在行业的β值，再附加企业特定风险调整值。途径二，通过风险累加的方式，将被评估目标企业所要面临的风险进行分类和界定，分别测算各类风险数值累加得到最终的风险溢价。

根据 2012—2014 年中国证监会并购重组委员会审核通过的上市公司并购重组的企业价值评估报告，采用β值计算风险溢价的样本占有绝对优势，基本采用如下步骤：第一步，选取与目标企业类似的一定数量的上市公司作为参照物；第二步，搜集该组公司的β值，并换算成不含杠杆的β值；第三步，计算β值的均值，并将该β值均值再换算成目标企业含杠杆的β值；第四步，采用证券市场特定期间内的某类综合指数作为市场报酬率，扣减无风险利率之后得到市场风险溢价；第五步，将目标企业β值与市场风险溢价的乘积再附加企业的特定风险作为目标企业的风险溢价。

从搜集的资料可以看出，目前对于风险溢价没有一个确定的标准，评估人员更多依赖目标企业同行业上市公司的β值来确定行业风险和企业风险，而其中企业的特定风险更多依靠评估人员的主观判定，确定依据不够充分。

本书建议评估人员在风险溢价的确定过程中重点关注以下几个方面：

第一，注意新兴行业β值与传统行业的差别。风险报酬率的测定一直是价值评估的难点问题，对于新兴行业更是如此。在上市公司并购重组过程中，由于政策的调整，经济发展的需求，并购将会越来越活跃。从行业的并购范围来看，以前具有一定的行业集中度，现在是行业大范围扩散，而且企业的规模也有较大改变，早期并购都是许多大型企业参与的，现在的并购趋势是目标企业逐渐向小型新型企业发展，作为被并购的目标企业很多是成长性较好的新兴行业，如传媒业、影视业等。这些新兴行业一方面由于发展时间较短，上市企业非常少，很难获得足够的样本分析经验数据。另一方面即使有一定数量的上市公司，但是由于行业的特征，收益风险波动性大，行业β值十分不稳定，如果以此为历史数据测算股权成本率或者折现率，会引起较大的误差。

第二，在风险溢价因子的确定过程中注意并购行业差异风险。并购行业差异风险是在企业价值评估传统方法中没有被关注的因素。在搜集到的并购重组企业价值评估案例中，很多并购业务属于同行业的并购，但是还有一些属于跨行业的并购。并购方是否为同一个行业对目标企业来说未来所要承担的风险是不同的，一般来说，不同行业之间的并购风险要大于同一行业之间的并购。但是在目前并购重组企业价值评估所采用的方法中无法对并购双方行业差异带来的风险做分析，也就是说并购方是否与目标企业存在行业差异在评估过程中是没有体现出来的。

第三，注意流动性风险问题。许多资产评估报告中都是通过分析与目标企业同行业的上市公司样本，以测算目标企业的风险溢价。由于绝大部分的目标企业都是非上市企业，上市和非上市企业之间必然存在流动性风险的问题。企业上市以后，随时可以在资本市场融资，股票直接在资本市场交易，流动性有较大改善，而非上市企业由于存在流动性问题，在价值上也会大打折扣。在市场价格波动巨大的情况下，流动性的波动也会相应变大，应当注意目标企业的流动性所带来的问题。

第四，注意降低企业特定风险测定的主观判断。在风险溢价的测算中，一些评估机构还会引入企业特定风险因子进行测算，但是量化的过程非常笼统，许多案例的风险溢价都是由评估人员主观进行认定。企业特定风险溢价在界定上应当是企业特性所导致的投资风险溢价，包括与参照样本的规模差异，之前提到的流动性风险，并购行业差异风险等。一些评估机构将其并入企业特定风险内加以笼统说明，这种方法是不可取的，而且这种缺乏标准的主观判断还容易引发道德风险。我国提供数据支持的平台建设时间都不长，与国际上较为知名的彭博资讯（Bloomberg）等发展历史较长的公司在技术水平上还有很大差距，可参照性较差并与实际情况偏离较多，这样会促使评估机构偏离独立性，有可能偏向并购方意愿。在评估过程中，如果存在较多的因素没有办法合理量化而有较大的议价弹性空间，那么委托方和评估机构就有意愿或者驱动去进行评估结果的干预，例如，调整企业特定风险等因素的大小来影响评估结果，违背评估公正性的原则。

第二节　业绩承诺

一、业绩承诺事项存在的问题

我国早期的企业价值评估采用成本加和法即资产基础法居多，主要根据企业的资产构成包括有形资产和无形资产，计算各项资产的价值进行加总得到企业整体价值。后来使用收益法比例不断上升，评估人员根据企业历史和现实情况，结合国家、行业、企业等宏微观因素进行分析，预测企业在未来若干年的经营情况，测算企业的股权价值或者企业整体价值。但是一直以来，企业价值评估过程中过分强调企业的财务报表，而缺少对于企业核心团队的主观能动性的考虑。其中，核心团队价值是一个变量，具有极强的不确定性，业绩承诺的引入是为了提高核心团队主观能动性的。从本书第四章的统计数据可以看出，2012—2014 年三年中体现业绩承诺的并购重组项目报告的比例平均为 88.63%，2013 年和 2014 年都达到 90%以上，虽然监管层有一定的要求，但是业绩承诺方便公众投资者、监管部门以及资产评估等中介机构对并购重组项目的评判与认知，所以即使重新修订的《上市公司重大资产重组管理办法》调整了业绩承诺的要求，除了与控股股东之间的交易之外，不再硬性要求业绩承诺，但是在实践中多数目标企业还是会选择业绩承诺。

目前业绩承诺在上市公司并购重组企业价值评估收益预测时作为非常重要的依据，但是业绩承诺来源于目标企业对于未来经营成果的主观性估计，因此业绩承诺的准确性会直接影响企业价值评估结果。我国资产评估行业主管部门也制定了相关的资产评估准则来对企业价值评估业务进行指导。与站在并购方或目标企业角度的财务顾问不同，评估机构和评估人员是站在中立的角度对目标企业的价值进行客观公正的鉴证。在评估过程中评估人员需要目标企业的经营管理者提供该企业的财务数据及预测报告等，并以企业提供的数据作为参考对企业收益进行预测。但是由于目标企业的管理者是从自身企业出发的，评价企业的角度与评估人员不同，在对企业目前的状况及未来发展的认知方面存在不客观的情况，例如对企业未来的盈利能力过度乐观，虚增企业价值。而评估人员有可能依赖企业管理者提供的业绩承诺如盈利预测数据，做出不客观的评估预测，进而影响评估人员对于企业价值的判断。

二、关于业绩承诺事项的改进建议

对于业绩承诺事项，本书提出两个方面的改进建议：

第一，允许业绩承诺出现区间值，对于未来不同情况的业绩表现提出足够的依据，评估人员可以根据具体情况来判断业绩承诺的合理性，避免因为目标企业管理层主观原因对收益预测产生较大误差。需要注意的是：业绩承诺的产生往往是目标企业为了提高交易价值或者打消并购方的顾虑所商定的，因此业绩承诺对评估值是有一定影响的。业绩承诺是目标企业管理层提出的，并保证达到的评估基准日以后若干年的企业经营目标，对目标企业管理层具有很强的约束力，可以作为评估人员采用收益法时重要的预测参考，但前提是管理层提出的这些目标一定是可行的，资产评估师作为中介机构不应当是简单地接受，而是要通过核查企业历史的经营情况，仔细分析业绩承诺来源、可行性、实施路径等，只有将验证过的承诺引入评估报告，才能为揭示风险提供必要信息。

第二，建议监管层加强对于业绩承诺的管理，尤其是对于业绩承诺没有达到规定指标的补偿力度，促使目标企业和评估机构在业绩承诺事项方面遵循稳健性原则，减少虚增企业价值的可能性。目前根据《上市公司重大资产重组管理办法》的有关规定，业绩承诺事项中如果上市公司盈利水平达到预测值的 80%视为合格，达到预测值的 50%和 80%之间的情况需要上市公司和评估机构对其进行解释并向公众投资者致歉，如果盈利水平小于预测值的 50%，中国证监会可以对上市公司、相关机构及其责任人员采取监管谈话、出具警示函、责令定期报告等监管措施。

综上所述，因为业绩承诺在本质上改变了评估和并购重组交易的结构，把原交易结构唯一的交易价格变成了可变量。考虑到资产和外部环境的复杂性及评估中介或财务顾问的认知局限，引入承诺有补偿性条款，评估值和交易值变得不是唯一切合于实际的，对其适当规范将有利于评估报告的准确性和专业性，也可以更好地发挥并购重组资产配置的职能。

第三节　并购重组实施周期

本书第四章搜集了上市公司并购重组流程的三个主要的时间节点，即并购重组方案公告日、方案审核日和方案实施日的信息来分析并购重组中的实施周期及其审核周期。对样本数据进行分析之后得到以下结果：从方案公告日到方案审核日平均周期是 235. 95 天，从方案审核日至方案实施日平均周期是 116. 23 天，从方案公告日至方案实施日平均周期是 352. 18 天。以上数据显示目前上市公司并购重组的审核平均周期是 240 天左右，从方案公告日至方案实施日计算的话并购重组项目实施的平均周期将近一年。由于上市公司并购重组的资产评估报告的有效期一般为一年，如果审核周期过长，资产评估报告将会失效，即使评估报告在有效期内，审核周期过长也会导致上市公司并购重组进程中的评估价值误差加大，使并购重组交易的参考和指导作用受限，这也是目前上市公司并购重组并购方、目标企业、资产评估机构的各个中介及监管层都面临的问题，给并购重组造成了极大的障碍。

对于并购重组的实施周期问题本书建议从审核周期入手，从监管层的角度提高审核的效率，缩短审核周期和并购实施周期，提高资产评估报告的使用效率。市场的监管规定对交易效率有很大影响，以万科和宝能的收购案的处理为例：万科从 2015 年 11 月开始因为宝能收购案停牌，A 股拟停牌至 2016 年 6 月，投资者在这段时间不能进行交易，而 H 股在万科停牌两周之后港交所即要求其复牌，要求万科将信息披露，由市场投资者自行判断，行政效率的差别是显而易见的。目前，以中国证监会为代表的政府监管部门正在努力寻求提高审核效率的办法，尝试下放一定的审核职能，强化中介机构来提高并购重组实施效率。例如，对于新三板市场中的挂牌企业，政府鼓励进行多次小规模的并购重组，在一定范围内不需审核，如投资人少于 35 人的情况可以自行安排，并购重组实施时间明显缩短。自 2016 年起，我国证监会将审核职能逐步下放至沪深交易所，大多数的并购重组在将来会不需要行政审核而直接实施，整体交易效率必然有较大提升。

第四节 借鉴发达国家经验

我国的资本市场发展的时间比较短，发育不是很成熟，对于上市公司并购重组提供的市场环境不完善。而在西方发达国家的资本市场，并购重组中的估值和定价比我国更为规范。以美国为例，美国是并购重组非常成熟的国家，证券市场虽然采用注册制，但是并购重组依然非常活跃，在企业估值和定价过程中经常采用的就是以市场为导向，按照经验数据进行判断。有一种观点认为我们应该学习美国的企业价值评估模式，所以照搬发达国家尤其是美国的经验是我国目前上市公司并购重组价值评估存在的问题。本书建议评估人员深入了解我国与美国等发达国家并购重组评估环境的主要区别，不能照搬发达国家如美国的经验，要根据我国的实际情况摸索上市公司并购重组企业价值评估和定价的规律，对我国并购重组实务给予引导。

我国和美国并购重组评估的区别主要体现在以下三个方面：

第一，在美国的并购重组过程中投资银行或者说财务顾问扮演着最为重要的角色，基本不需要专门的企业价值评估机构和人员。在美国的并购重组进程中，价值评估和定价往往混为一谈，在定价过程中完全采用专业机构提供的各种参数带入定价模型直接导出结果。目前美国一些业界专家呼吁企业价值评估和定价应当区分开来，对于投资者应当有不同的提示意义。我国的价值评估和定价是分开的，在价值评估中不能完全照搬定价的理论模型。

第二，以美国为代表的成熟资本市场施行的是比较纯粹的市场经济，各项指标都维持在一个相对稳定的水平，波动变化较小，因此数据的变化具有较强的规律性，具有很大的参考价值。同时，在资本市场上信息绝大部分能够做到真正的公开、透明，数据平台上的信息数量充足，具有权威性。因此许多国家的价值评估参数都以美国等成熟市场作为依据进行调整。而我国的评估数据指导性比较薄弱，一是由于我国资本市场发展的时间非常短，波动大，没有形成完整的规律。虽然目前并购重组企业价值评估采用的都是我国上市公司的数据，但是误差也很大，因为市场的跳跃性特征非常突出。二是我国相当一部分的并购重组行为具有非常强的行政化色彩。中央或地方的行政力量对并购重组可能会进行干预，这对于并购方和目标企业会有重大的影响，有可能出现为了地方政绩而推行并购重组的情况，其成本不能反映真实情况，形成的数据资源非常有限同时也不是很规范，可比性也非常差。

第三，美国证券市场采取注册制，上市企业众多，并购重组的对象很多都是上市公司，数据非常容易找到。而从本书搜集到的数据资料来看，我国并购重组的目标企业绝大多数都是非上市企业。2012—2014 年三年间中国证监会并购重组委员会审核通过的发行股份购买资产类型的样本共422 个，其中 10 家目标企业为上市公司，其余 412 家企业均为非上市企业，占样本合计数的 97.63%。非上市企业的绝大部分数据都是不公开的，在进行估值和定价时会更加困难。

第五节　评估报告事项的披露

从本书第四章对于上市公司并购重组企业价值评估现状可以看出，目前的并购重组评估报告与一般的企业价值评估报告没有本质区别。但是上市公司并购重组有自身的交易特点，在做价值评估的时候应该体现出其特殊性，因此本书建议在评估报告事项披露中应当重点强调四点事项。

一、目标企业资本结构对评估价值的影响

目标企业资本结构的变化对企业估值具有一定的影响。合理的资本结构会促进企业价值的提升。不同行业的企业的合理资本结构具有一定的共性，目标企业评估由于是以并购重组为目的，对于目标企业资源的合理配置以及资本结构的优化应当存在合理预期。大多数并购重组企业评估报告没有对企业资本结构做专门的分析，尤其是目标企业与同行业企业的资本结构状况具有较大区别的时候，评估人员应当在评估报告中建议目标企业对自身资本结构进行调整，寻找债权和股权合理的比例以进一步提升企业价值。

二、期权事项问题

管理层激励在目前我国许多企业里面实行，属于企业业绩提升的手段

之一。采取向企业管理层派发期权的方式进行激励，与直接派发现金和股权相比，期权激励更有利于提高企业管理层的积极性，挖掘企业自身潜力。在上市公司并购重组中很多企业作为并购目标就是源于它的业绩增长，其中管理层期权激励起着较为重要的作用。期权激励对企业价值产生影响主要因素待行权的期权，目前评估报告中对管理层激励的待行权的期权价值没有体现，应当将其用期权定价模型予以估值并在企业评估价值中进行扣减。

三、行业对标问题

从 2012—2014 年我国证监会并购重组委员会审核通过的上市公司并购重组企业价值评估报告中可以看出，绝大多数评估机构在采用收益法评估企业价值之后，没有在同行业之间进行比较，没有进行行业对标。由于企业价值评估建立在预测的基础之上，数据并不是真实发生的而是根据历史或现实的情况对未来进行的判断，会出现一定的误差。行业对标分析无疑是一个较好的检验办法，可以通过一些金融数据供应商寻找同行业的经营指标与被评估的目标企业进行比较分析，来衡量目标企业的估值是否合理。

四、或有义务事项的处理

对外担保是现在企业经营管理中一种较为普遍的现象，被担保的企业如果没有出现问题，担保企业的日常经营与未担保时不会有什么差异。但是一旦被担保企业出现违约、诉讼等情况，担保企业就会有较大损失。虽然对外担保事项属于或有义务事项，是潜在的义务，没有列入负债，但是它会对并购重组中目标企业的价值产生影响。目前在我国许多企业形成担保圈，一旦一个企业出现问题，在担保圈的企业也都会受到牵连，风险也是比较高的。目前，在并购重组企业价值评估报告中往往会将其作为特殊事项说明，但是从企业价值的角度讲，对外担保事项是一个企业价值的减值项目，应当根据对外担保的风险程度判断减值并将其从目标企业评估价值中予以扣除。

第七章　结论与不足

第一节　研究结论

本书的主题是中国上市公司并购重组企业价值评估研究，是以 2012—2014 年中国证监会并购重组委员会审核通过的所有上市公司并购重组项目作为基础样本，一是搜集中国上市公司并购重组企业价值评估涉及的多个指标数据进行实证研究，综合描述并购重组企业价值评估的规律性特征。二是测算并购市场溢价，并通过实证研究企业价值评估对并购市场溢价的影响。三是结合中国上市公司并购重组企业价值评估的现状及影响，分析并购重组企业价值评估目前存在的问题和改进建议。三个部分逐步递进而又自成体系，现就研究结论做三方面总结。

一、中国上市公司并购重组企业价值评估实证研究的结论

本书关于中国上市公司并购重组企业价值评估实证研究的样本数据来源主要包括 2012—2014 年三年间中国证监会并购重组委员会审核通过的并购重组项目所涉及的并购重组委员会审核会议公告、资产评估报告、财务顾问报告、并购重组交易报告书、上市公司不同时点的公告以及上市公司年度财务报告等资料。本书围绕评估主体、评估客体、价值类型、并购重组实施周期、评估方法、业绩承诺和评估结论等七大类要素十二项指标对我国上市公司并购重组企业价值评估的现状进行数据整理和分析。主要

研究样本数量为 422 个，搜集的数据指标及结论如下文。

搜集的样本数据包括每个样本的审核会议时间、审核通过率、并购重组类型、评估主体、评估基准日、评估报告日、账面净资产、评估价值、实际交易值、并购方和目标企业所在行业、评估方法及参数的选择、不同评估方法的评估增值额和增值率及分行业统计数据、交易股权比例、价值类型、并购重组方案公告日期、方案实施日期、是否有业绩承诺、是否有管理层持股或期权、目标企业是否上市等。本书对多项指标进行了实证分析，具体结论如下：

（一）并购重组项目的数量和企业价值评估业务数量都有大幅增加

中国证监会并购重组委员会于 2012—2014 年三年间合计召开 165 次审核会议，审核项目总数 360 项。随着时间的推移，审核会议次数、审核项目数每年都有较大提升。2012—2014 年并购重组委员会审核通过的资产评估报告的数量为 522 份，2014 年审核通过项目涉及的资产评估报告数量相当于 2012 年的 3 倍和 2013 年的 2 倍。并购重组类型为发行股份购买资产（含发行股份和现金支付购买资产）在全部并购重组类型中占有绝对优势，随着时间的推移所占的比重不断提高。

（二）评估主体主要集中在少数资产评估机构，具有一定的垄断性特征

根据本书统计，排名前十名的资产评估机构出具的 2012—2014 年并购重组委员会审核通过的类型为发行股份购买资产的资产评估报告数量为 266 份，占全部报告的比例近 2/3。

（三）评估客体表现较为明显的特征

从股权比例看，目前上市公司并购重组的目的更多是为了取得目标企业的控制权，交易 100%股权比例的样本比重达 2/3 以上，说明目前上市

公司并购重组的目的主要是为了取得目标企业的控制权。

并购重组项目中受市场和政策的驱动，目标企业中信息传输、软件和信息技术服务业和文化、体育和娱乐业上升速度较快，而采矿业、建筑业和餐饮业有一定程度的下降。而且，绝大多数目标企业均为非上市企业。

（四）价值类型选择比较单一

样本数据中价值类型选择全部为市场价值，一方面因为评估机构评估的是目标企业在评估基准日的市场价值，另一方面是由于相关管理部门的要求。

（五）并购重组审核周期和实施周期时间长，效率较低

样本数据反映上市公司并购重组的审核平均周期和实施平均周期较长，由于上市公司并购重组资产评估报告的有效期一般为一年，因此有可能出现由于审核周期过长导致资产评估报告失效的情况。另外，审核周期较长会导致上市公司并购重组中的评估价值误差加大，在一定程度上降低了业务效率。

（六）在评估方法的选择上有侧重

样本数据中选择收益法的比例最高，所占比例70%，其次是资产基础法所占比例接近30%，最后是市场法，所占比例仅为1.18%。在收益法参数的选取上，绝大多数评估报告中计算股权评估价值采用的是间接途径的方法，收益额口径为FCFF，折现率口径为WACC。有限收益期限的情况只占2.40%。行业中制造业使用基础法的比例最高，其次是采矿业，最后是电力、热力、燃气及水生产和供应业。

（七）业绩承诺成为常态

业绩承诺在2012年、2013年、2014年，在并购重组企业价值评估报

告中所占比例分别为 73.44%，91.13%和 91.45%，尤其 2013 年和 2014 年，业绩承诺变成上市公司并购重组企业价值评估报告中的一种常态。

（八）并购规模逐年增加，不同评估方法中行业的增值分布有一定的差异

在评估结论方面，通过统计可以看出，并购规模在研究期间逐年增加，环比增加的比例分别为 108.85%、84.04%和 284.37%。从倍数关系上看，2013 年的并购规模是 2012 年的 2.09 倍，2014 年的并购规模则是 2012 年的 3.84 倍。数据表明，随着我国并购重组业务井喷式地增长，评估报告中涉及的企业价值越来越高，并购规模越来越大。

采用评估方法不同，行业的增值分布也不同。在采用资产基础法的样本中，采矿业及房地产业增值最多，主要原因是相关资产重估较大，采矿权、土地使用权、房产存货等资产的原值较低，股权交易买卖方对资产重估增值有明确预期。在采用收益法的样本中，除了采矿业以外，信息技术和科学研究、技术服务增值最多，主要原因是相关行业收入、现金流及收益增长较快，股权交易买卖方对并购资产的增长潜力、盈利能力的预期明显高于资产评估机构的报告预测值。

二、企业价值评估影响并购市场溢价实证研究的结论

本书重新界定了并购市场溢价，将其作为并购重组市场效应的体现，同时基于前面第四章对当前中国上市公司并购重组企业价值评估部分因素的实证分析，通过多元回归分析法来研究我国企业价值评估因素对并购市场溢价的影响。具体结论如下：

第一，根据本书对并购市场溢价的界定，测算了 152 个样本公司的并购市场溢价数额。并购市场溢价 $=D-(A+B-C)$。其中，A 是并购方方案公告日的市场价值，即公告日收盘价与股本的乘积，B 是目标企业股权的

交易价格，C 是支付对价时以自有现金支付的数额，D 是并购方方案实施日的市场价值，即实施日股票收盘价与股本数据的乘积。

第二，采用多元回归分析检验并购规模因子、行业因子及企业品质因子对并购市场溢价的影响程度。统计分析结果说明，并购规模大、被市场看好的行业、企业预期收益增长对并购市场溢价有显著影响。由于并购规模因子数据来源于目标企业评估价值，企业品质因子数据是基于资产评估机构对于目标企业预期收益计算出的评估基准日后预期三年净利润的平均增长值。从实证结果可以看出，这些企业价值评估因子对并购市场溢价有非常重要的影响，因此上市公司并购重组资产评估报告中对于目标企业的价值评估结果的准确度要进一步提升，为并购重组定价决策者和公众投资者提供更合理的参考意见。

三、上市公司并购重组企业价值评估存在的问题及改进建议

目前我国上市公司并购重组企业价值评估存在的问题主要体现在收益法的运用、业绩承诺事项、并购重组实施周期、借鉴国外发达国家经验以及评估报告事项的披露方面，本书针对存在的问题也提出了改进建议，具体如下。

（一）收益法的运用方面

1. 收益额的预测值与实际值的偏离度。本书搜集 194 组评估报告收益预测值和目标企业收益实际值进行对比，分析偏离程度，结果证明目标企业实际实现的收益与资产评估预测值相比偏离度较高，因此建议一是评估人员在收益预测时应当考虑并购重组因素，二是资产评估行业应当建立更加完备的行业数据库，提高专业水平。

2. 折现率的选取。债务成本率存在的问题是非市场化的利率方式导致对债务成本的预测没有合理的标准，债务成本的确定存在一定缺陷。建议

推动利率市场化，打开利率市场的上下限，另外建议基础利率应该经过修正才能作为债务成本预测的基础。

股权成本率由无风险报酬率和股权风险溢价组成。无风险报酬率缺乏统一规范，建议管理部门设定标准，如选用国债，那么需要每年定期选择国债品种进入样本池，定期公布无风险收益率的数额。或者将国债与其他信用等级非常高的发行主体的债券共同加入样本池，加权计算无风险报酬率。风险溢价评估人员更多依赖目标企业同行业上市公司的β值来确定行业风险和企业风险，而其中企业的特定风险更多依靠评估人员的主观判定。建议评估人员注意新兴行业β值与传统行业的差别，在风险溢价因子的确定过程中注意并购行业差异风险，注意流动性风险问题，同时注意降低企业特定风险测定的主观判断。

（二）业绩承诺

由于目标企业的管理者是从自身企业出发的，评价角度与评估人员不同，在对企业目前的状况及未来发展的认知方面可能存在不客观的情况，业绩承诺会影响评估人员的判断。一是建议允许业绩承诺出现区间值，评估人员根据具体的情况来判断业绩承诺的合理性。二是建议监管层加强对业绩承诺的管理，尤其是对业绩承诺没有达到规定的指标的补偿力度。

（三）并购重组实施周期

目前审核周期和并购实施周期过长，将导致上市公司并购重组进程中的评估价值误差加大，并购重组交易也会受到影响。建议从审核周期入手，从监管层的角度提高审核的效率，缩短审核周期和并购实施周期，提高资产评估报告的使用效率。

（四）借鉴国外发达国家经验

建议评估人员深入了解我国与美国的评估市场环境的区别，不能照搬美国的经验，要根据我国的实际情况摸索上市公司并购重组企业价值评估和定价的规律。

（五）评估报告事项的披露

上市公司并购重组有自身的交易特点，在进行价值评估的时候应该体现并购重组的特殊性，因此本书建议在评估报告事项披露中重点提出以下事项，包括：目标企业资本结构对评估价值的影响、期权事项问题、行业对标问题以及对或有义务事项的处理。

第二节　研究的不足之处

第一，本书在研究过程中，由于涉及的数据种类和来源较多，而且目标企业绝大多数都是非上市企业，许多数据不能够直接公开获取，因此个别资料并不完备。

第二，本书只对我国所占比例最高和最具代表性的发行股份购买资产的并购重组类型企业价值评估进行实证分析，没有对其他并购重组类型进行研究。

第三，囿于能力和数据所限，企业价值评估方法问题的研究不能更为深入。例如，对于如何根据上市公司并购重组实务中一些新兴行业的特性对传统的企业价值评估方法予以改进，研究得不够深入。

未来希望在两个方面能够进一步研究：一是能够在本书研究的基础上对并购重组企业价值评估的行业特征进一步挖掘，并针对并购重组中一些新兴行业的评估参数的选择进行研究。二是已经进行了部分基础数据搜集，但是由于篇幅和能力所限，没有对涵盖在本书研究范围内的关于管理层持股，私募股权和风险投资的进入对上市公司并购重组企业价值评估的影响的研究，希望在今后的研究中有更多涉猎。

上市公司并购重组中的企业价值评估是一个值得重点研究的课题。评估机构出具企业价值评估报告是上市公司并购重组重要的环节之一。企业价值评估在上市公司并购重组中的角色应当是为企业的并购重组交易提供价值参考意见，使目标企业各方面信息更加透明。目前并购重组中的企业价值评估与一般目的的企业价值评估方法流程没有主要区别是十分不合理的，不同的评估目的有可能引发价值类型的差异、评估方法的差异乃至评估结果的差异。并购重组价值评估是企业价值评估中的重要类别，它应当有其自身的特质，具有方法上的个别性。

作为社会公众服务的资产评估机构，在上市公司并购重组过程中应当通过资产评估报告提供准确合理的信息，公众需要了解的是在并购重组的环境下，目标企业可能达到的价值，尤其是在采用收益法的时候，应当考量未来并购重组带来的不确定性。评估师和财务顾问虽然角度不同，但是对于企业价值的源头应当达成一定共识，这样才有助于公众投资者清楚认识企业所面临的情况。本书以我国上市公司并购重组企业价值评估的现状为基础，通过实证分析，强调企业价值评估与并购重组的密切关联并对并购市场溢价效应的影响进行探讨。另外，本书还对我国上市公司并购重组企业价值评估存在的问题进行分析并提出改进建议，希望能对我国的企业价值评估理论与实务做出一点贡献。

参考文献

[1] 达摩达兰．估值：难点、解决方案及相关案例 [M]．北京：机械工业出版社，2015：206-278.

[2] 安慧．基于资产专用性的并购定价决策研究 [J]．郑州轻工业学院院报．2009（6）：84-88.

[3] 安慧．上市公司并购定价决策研究 [J]．财会通讯，2009（8）：53-55.

[4] 陈蕾．基于投资价值类型的评估理论研究述评 [J]．经济问题探索，2013（5）：167-172.

[5] 陈四清．DCF 模型在企业价值评估中的应用 [J]．财会通讯，2004（13）：24-25.

[6] 陈玉是，李善民．有关并购中价值来源的一项实证研究 [J]．学术研究，2007（9）．

[7] 柴洪，李桂丽．公司并购的价值效应及价值估值分析 [J]．武汉理工大学学报，2009（5）：796-807.

[8] 程凤朝．我国上市公司并购重组股票定价合理性研究 [J]．宏观经济研究，2015（1）：31-41，94.

[9] 程凤朝，刘家鹏．上市公司并购重组定价问题研究 [J]．会计研究，2011（11）：40-46.

[10] 程凤朝，温馨，刘旭．上市公司并购重组标的资产价值评估与交易定价关系研究 [J]．会计研究，2013（8）：40-46.

[11] 程楠，杜子平．浅谈企业并购中 EVA 估价模型的构建 [J]．财会通

讯，2010（11）：10-11.

[12] 丁琳，刘文俊．中国沪市资本资产定价模型的实证检验：基于动态分组方法［J］．中南财经政法大学学报，2013（4）：101-109.

[13] 付松安．浅析市场价值向其他价值类型的演变及其应用［J］．中国资产评估，2014（11）：16-19.

[14] 郭朝乐．企业价值评估文献综述［J］．当代经济，2015（2）：116-117.

[15] 郭泰岳．上市公司并购中目标企业价值评估研究：以互联网企业为例［J］．技术经济与管理研究，2020（1）：73-78.

[16] 高琳，鲁杰钢．上市公司并购重组企业价值评估收益法应用研究［J］．中国资产评估，2011（6）：17-21.

[17] 季峰，武晓玲．公司价值评估中管理者柔性的价值评估研究［J］．山西经济管理干部学院学报，2003（3）：36-37.

[18] 胡晓明，吴铖铖．上市公司并购重组评估增值情况分析［J］．中国资产评估，2018（1）：40-46.

[19] 黄本多，于胜道．自由现金流量、并购溢价与我国上市公司并购绩效的实证研究［J］．华东经济管理，2009（4）：139-143.

[20] 黄东坡．企业并购动因理论评析［J］．财会通讯，2008（2）：90-92.

[21] 黄敏．自由现金流量折现法在企业价值评估中的应用：以中国神华为例［J］．财会通讯：综合，2015（1）：64-66.

[22] 黄晓楠，翟宝忠，丁平．基于 EVA 的企业并购定价改进模型研究［J］．会计研究，2007（3）：42-46.

[23] 黄中文，李建良．中国并购市场并购方公司价值效应分析［J］．技术经济与管理研究，2013（6）：58-62.

[24] 康芮华．浅析并购估值的企业价值类型［J］．中国资产评估，2009（11）：25-27.

[25] 李光明．基于 P/B 乘数的剩余收益模型改进研究［J］．中国资产评

估，2010（4）：19-23.

[26] 李长青，郑燕，陈荣秋．企业并购定价策略的研究［J］．数量经济技术经济研究，2002（1）：51-54.

[27] 李雷，周晖．DCF 法与 DDM 法对上市公司估值的对比分析［J］．华商，2008（8）：39-40.

[28] 李婷婷，孙涛．我国上市公司并购价值增值的实证研究［J］．价格月刊，2010（4）：76-79.

[29] 李焰．期权定价理论在企业价值评估中的应用：财务困境上市公司的股东权益价值分析［J］．财贸经济，2001（5）：33-37.

[30] 李延喜，张启銮，李宁．基于动态现金流量的企业价值评估模型研究［J］．科研管理，2003（2）：22-27.

[31] 李朝晖．我国企业价值评估中应用市场法的可行性探讨［J］．价值工程，2012（7）：136-137.

[32] 李师．企业并购重组资产价值评估与交易价格关系研究［J］．财会通讯，2014（8）：43-45.

[33] 刘芳，韩晶．企业并购定价诸方法之选择研究［J］．天津财经大学学报，2006（4）：23-26.

[34] 刘亮．我国上市公司并购价值创造的实证研究［J］．商业研究，2005（12）：30-34.

[35] 罗浩，李心旦．并购的理论和实证研究发展［J］．现代管理科学，2004（3）：10-11.

[36] 刘堃．基于协同效应的并购目标企业价值评估探讨［J］．当代经济，2014（14）：100-101.

[37] 刘玉平，池睿．企业价值评估收益法中营运资金预测的改进［J］．会计之友，2014（1）：22-27.

[38] 刘玉平．价值类型理论的应用与完善［J］．中国资产评估，2009（3）：14-17.

[39] 宁静．并购中目标企业价值评估方法比较［J］．现代商业，2011（29）：129-130.

[40] 亓同进，吕秀红．基于中国公司并购价值评估的分析［J］．经济研究导刊，2012（19）：63-65.

[41] 阮咏华，刘登清．发扬专业优势，推进行业发展［J］．中国资产评估，2015（9）：38-39.

[42] 上海证券交易所和中国资产评估协会联合课题组．上市公司 2009 年度并购重组资产评估专题分析报告［R］．上海：上海证券交易所和中国资产评估协会，2010.

[43] 唐清泉，巫岑．基于协同效应的企业内外部 R&D 与创新绩效评价［J］．2014（9）：12-23.

[44] 檀学燕．基于制度变迁的中国股票市场有效性分析［J］．中央财经大学学报，2010（9）：44-47，66.

[45] 王超，刘超．基于制度变迁的美国股票市场有效性分析［J］．金融发展研究，2013（8）：3-8.

[46] 王诚军，陈明海．全面认识价值类型的作用［J］．中国资产评估，2002（5）：37-39.

[47] 王竞达，瞿卫菁．创业板公司并购价值评估问题研究：基于我国 2010、2011 年创业板公司并购数据分析［J］．会计研究，2012（10）：26-34.

[48] 王小荣，陈慧娴．企业并购重组中评估定价与成交价，谁被资本市场接受?：来自 2007—2011 年中国上市公司的经验数据［J］．中央财经大学学报，2015（9）：55-62.

[49] 肖静，曹勇．对资产评估价值类型的新思考［J］．现代商业，2008（17）：234-235.

[50] 鲜文铎．企业价值影响因素浅析［J］．财会月刊，2005（11）：77-78.

[51] 熊敏. 自由现金流量法在企业价值评估中应用的改进探讨［J］. 北方经济，2008（3）：15-17，90.

[52] 徐丹丹，刘淑莲. 我国上市公司并购价值的实证研究［J］. 会计师，2010（4）：107-111.

[53] 徐玉德，洪金明. 资产重组中评估价值相关性的经验研究：基于A股市场的实证分析［J］. 中央财经大学学报，2010（2）：91-96.

[54] 严绍兵，仲崇敬. 并购价格与评估价值差异分析［J］. 财经问题研究，2009（2）：113-117.

[55] 严绍兵. 雪津啤酒溢价分析［J］. 中国资产评估，2011（12）：12-15.

[56] 杨华. 资产评估与上市公司并购重组［J］. 中国资产评估，2004（4）：6-8.

[57] 杨屹，殷仲民，杨莎. 并购中基于期权模型的目标企业价值评估［J］. 西安理工大学学报，2003（3）：284-288.

[58] 杨志强，黄椿丽，黄林娜，等. 互联网企业并购的实物期权定价方法：优酷网并购土豆网之案例分析［J］. 财会月刊，2015（29）：120-126.

[59] 俞小江，周杨. 企业并购中目标企业价值评估方法的创新模型分析［J］. 统计与决策. 2013（12）：171-175.

[60] 岳公侠，李挺伟，韩立英. 上市公司并购重组企业价值评估方法选择研究［J］. 中国资产评估，2011（6）：12-16.

[61] 张鼎祖，彭莉. 企业价值评估市场法的改进［J］. 统计与决策，2006（10）：160-162.

[62] 张璐，仲秋雁. 企业并购价值评估方法研究［J］. 大连理工大学学报，2006（2）：47-51.

[63] 张维，齐安甜. 企业并购理论研究评述［J］. 南开管理评论，2002（2）：21-26.

[64] 张显峰. 基于成长性和创新能力的中国创业板上市公司价值评估研

究［D］．长春：吉林大学，2012.

［65］张晓薇，张春美，于婧．我国农业上市公司 EVA 价值创造及驱动因素研究［J］．商业研究，2015（10）：161-165.

［66］张新．并购重组是否创造价值?：中国证券市场的理论与实证研究［J］．经济研究，2003（6）：20-29.

［67］张彦立．并购中企业价值评估方法运用的风险比较：以广汽集团为例［J］．广西财经学院学报，2012（5）：100-105.

［68］赵立新，刘萍．上市公司并购重组企业评估和定价研究［M］．北京：中国金融出版社，2011：51-86.

［69］赵强．资产评估价值类型的探讨［J］．中国资产评估，2012（12）：26-28.

［70］赵泰．资本资产定价模型在上证 180 股票市场的应用［J］．统计与决策，2013（24）：26-32.

［71］赵兴莉，岳修奎．《国际评估准则》中的价值类型及其对我国资产评估的启示［J］．中国资产评估，2015（6）：35-38.

［72］赵学善，施超．上市公司并购重组企业价值评估增值情况研究［J］. 中国资产评估，2011（8）：6-10.

［73］郑艳秋，江涛．中国上市公司并购特征分析（2002—2010）［J］．西华大学学报，2013（1）：102-108.

［74］周勤业，刘萍．上市公司 2009 年度并购重组资产评估专题分析报告［J］．中国资产评估，2010（6）：11-20.

［75］周勤业，刘萍．推动产业整合良性增长促进市场资源优化配置［J］. 中国资产评估，2010（6）：8-10.

［76］周瑜胜，宋光辉．资本流动性、并购模式选择与并购绩效：择时视角的上市公司并购决策机制与效应研究［J］．商业经济与管理，2015（7）：76-86，97.

［77］朱军，贾玉．企业价值评估中市场法参数选择研究［J］．中国资产

评估，2012（8）：25-30

[78] 朱南军. 三种现金流量折现模型估价差异和适用性分析［J］. 经济评论，2004（3）：102-104，118.

[79] 朱荣，温伟荣. 关于我国上市公司并购重组估值风险的研究［J］. 国有资产管理，2019（11）：19-26.

[80] AGRAWAL A，JAFFE J F，MANDELKER，G N. The Post - Merger Performance of Acquiring Firms：A Re-Examination of an Anomaly［J］. Journal of Finance，1992（4），1605-1621.

[81] BLACK F，SEHOLES M. The Pricing of Options and Corporate Liabilities［J］. Journal of Political Eeonomy，1973（3）：637-659.

[82] CHRISTIAN HOMBURG，MATTHIAS BUCERIUS. Is Speed of Integration Really a Success Factor of Mergers and Acquisitions? An Analysis of the Role of Internal and External Relatedness［J］. Strategic Management Journal，2006（27）：347-367.

[83] COSH，HUGHES，SINGH. The Cause and Effects of Mergers：An Empirical Investigation for the UK at the Microeconomic Level. The Determinants and Effects of Mergers［M］. Oelschlager：Gunn & Hain，1980：156-160.

[84] CRISTINA BERNAD，LUCIO FUENTELSAZ，JAIME GOMEZ. The Effect of Mergers and Acquisitions on Productivity：An Empirical Application to Spanish Banking［J］. 2010（38）：283-293.

[85] DEV STRETEHEK. How to Determine The Value of A Firm［J］. Management Accounting，1983（1）：42-49.

[86] EASTON P D，EDDEY P H，HARRIS T S. An Investigation of Revaluations of Tangible Long-lived Assets［J］. Journal of Accounting Research，1993（31）：1-38.

[87] ELMAR LUKAS，JEFFREY J，REUER，et al. Earnouts in Mergers and

Acquisitions: A Game-theoretic Option Pricing Approach [J]. European Journal of Operational Research, 2012 (223): 256-263.

[88] FAMA, E F. Efficient Capital Markets: A Review of Theory and EmpiricalWork [J] . Journal of Finance, 1970, 25 (2): 383-417.

[89] FRANK C. Evans, David M. Bishop. Valuation for M&A: Building Value in Private Company [M] . New York: John Wiley & Sona Inc, 2001.

[90] FREEMAN M C. The Practice of Estimating the Term Structure of Discount Tates [J] . Global Finance Journal, 2009, 19 (3): 219-234.

[91] GELTNER D. The Use of Appraisals in Portfolio Valuation and Index Construction [J] . Journal of Property Valuation and Investment, 1997 (15): 423-447.

[92] GELTNER D, MACGREGOR B D, SCHWANN G. Appraisal Smoothing and Price Discovery in Real Estate Markets [J] . Urban Studies, 2003 (40): 1047-1064.

[93] FISHER I. The Nature of Capital and Income [M] . New York: Macmillan, 1906 (1): 1-21.

[94] GRAGG J G, MALKIEL B G. The Consensus and Accuracy of Some Predictions of the Growth of Corporate Earings [J] . The Journal of Finance, 1968, 23 (1): 67-84.

[95] KOLLER T, GOEDHART M, WESSELS D. Valuation: Measuring and Managing the Value of Companies [M] . Manhattan: John Wiley & Sons, 2007: 101-211.

[96] RAHMAN M, LAMBKIN M. Creating or Destroying Value through Mergers and Acquisitions: A Marketing Perspective [J]. Industrial Marketing Management, 2015 (46): 24-35.

[97] MANSON, STARK, THOMAS. A Cash Flow Analysis of the Operational Gains from Takeovers [R] . UK: Research Report of the Charted

Association of Certified Accountants, 1995.

[98] MODIGLIANI F, MILLER M. The Cost of Capital, Corporation Finance, and the Theory of Investment [J] . American Economic Review, 1958 (6): 261-297.

[99] MYERS S C. Determinants of Corporate Borrowing [J] . Journal of Financial Economics, 1977 (11): 147-175.

[100] QIN L, WANG Q M. Acquisition Valuations of Withdrawn IPOs: When IPO Plans Turn into Mergers [J] . Journal of Banking & Finance, 2012 (36): 1424-1436.

[101] ROSS S A. the Arbitrage Theory of Capital Asset Pricing [J]. Journal of Economic Theory, 1976 (13): 341-360.

[102] LEBEDEVA S, MIKE W, PENG A, et al. Mergers and Acquisitions in and out of Emerging Economies [J] . Journal of World Business 2015 (50): 651-66.

[103] RUBACK R S. Capital Cash Flows: A Simple Approach to Valuing Risky Cash Flows [J] . Financial Management, 2002 (31) : 32-37.

[104] SHARPE W F. Capital Asset Prices: A Theory of Market Equilibrium under Conditions of Risk [J] . Journal of Finance, 1964 (19): 425-442.

附　录

附表 1　审核周期和并购周期计算表

上市公司代码	方案公告日 D1	审核会议日 D2	方案实施日 D3	D1—D2	D2—D3	D1—D3
600317	2011/02/15	2012/01/16	2012/10/15	335	273	608
600850	2009/12/03	2012/03/13	2012/08/31	831	171	1002
002439	2010/12/28	2012/04/05	2012/07/26	464	112	576
002498	2011/09/30	2012/04/05	2012/05/16	188	41	229
600039	2011/03/25	2012/04/28	2012/07/02	400	65	465
600180	2011/07/25	2012/05/29	2012/08/28	309	91	400
600988	2012/01/04	2012/07/10	2012/12/07	188	150	338
600133	2011/04/29	2012/07/24	2013/06/07	452	318	770
000889	2012/01/06	2012/08/28	2012/12/03	235	97	332
000008	2012/02/03	2012/09/26	2012/12/28	236	93	329
002281	2012/05/04	2012/11/29	2013/09/12	209	287	496
002049	2012/06/04	2012/12/07	2013/02/27	186	82	268
000975	2012/01/16	2012/12/13	2013/01/15	332	33	365
600687	2012/04/29	2013/01/16	2013/11/06	262	294	556
000962	2012/07/26	2013/01/21	2013/03/19	179	57	236
600803	2011/10/25	2013/01/31	2013/12/31	464	334	798
600738	2012/01/13	2013/02/21	2013/04/18	405	56	461

续表

上市公司代码	方案公告日 D1	审核会议日 D2	方案实施日 D3	D1—D2	D2—D3	D1—D3
002002	2011/09/30	2013/03/25	2013/05/04	542	40	582
002392	2012/12/12	2013/04/02	2013/06/28	111	87	198
600513	2012/08/03	2013/05/14	2013/06/20	284	37	321
600567	2012/09/27	2013/06/14	2013/08/07	260	54	314
000813	2013/01/26	2013/06/26	2013/10/17	151	113	264
600100	2013/01/10	2013/06/26	2015/02/26	167	610	777
600580	2012/11/19	2013/06/27	2013/08/22	220	56	276
300292	2012/11/20	2013/07/03	2013/09/06	225	65	290
300058	2013/03/01	2013/07/10	2013/09/09	131	61	192
002225	2013/02/08	2013/08/21	2013/11/06	194	77	271
300054	2013/04/26	2013/08/29	2013/11/13	125	76	201
600419	2013/02/19	2013/08/30	2013/11/22	192	84	276
000973	2012/12/27	2013/10/17	2013/12/25	294	69	363
600728	2012/12/06	2013/10/22	2013/12/26	320	65	385
000605	2012/01/16	2013/10/23	2014/07/03	646	253	899
002642	2013/03/07	2013/10/23	2014/11/17	230	390	620
002047	2013/04/26	2013/10/31	2014/03/20	188	140	328
300256	2013/05/16	2013/11/01	2014/03/19	169	138	307
300133	2013/05/27	2013/11/04	2015/05/04	161	546	707
600617	2013/02/05	2013/11/06	2014/01/27	274	82	356
600587	2013/05/28	2013/11/07	2013/12/22	163	45	208
002368	2013/06/07	2013/11/07	2013/12/27	153	50	203
000902	2012/12/07	2013/11/07	2014/03/17	335	130	465

续表

上市公司代码	方案公告日 D1	审核会议日 D2	方案实施日 D3	D1—D2	D2—D3	D1—D3
002289	2013/06/17	2013/11/15	2014/11/04	151	354	505
600566	2013/05/31	2013/11/20	2014/02/11	173	83	256
300088	2013/04/08	2013/11/27	2014/03/26	233	119	352
300020	2013/05/31	2013/11/27	2014/03/26	180	119	299
600398	2013/07/12	2013/11/29	2014/03/17	140	108	248
300099	2013/06/14	2013/12/06	2014/03/11	175	95	270
000415	2013/08/16	2013/12/18	2014/04/08	124	111	235
600499	2013/07/04	2013/12/19	2014/02/28	168	71	239
300355	2013/07/29	2013/12/25	2014/04/24	149	120	269
002252	2013/03/25	2014/01/09	2014/06/10	290	152	442
002071	2013/05/10	2014/01/16	2014/04/25	251	99	350
300027	2013/06/04	2014/01/16	2014/05/28	226	132	358
300002	2013/07/09	2014/01/17	2014/05/08	192	111	303
300266	2013/08/06	2014/01/22	2015/01/20	169	363	532
300043	2013/08/16	2014/01/22	2014/04/10	159	78	237
002217	2013/08/30	2014/01/23	2014/07/11	146	169	315
002175	2013/06/07	2014/01/23	2014/07/07	230	165	395
300222	2013/07/31	2014/02/19	2014/06/16	203	117	320
002390	2013/05/30	2014/02/19	2014/05/14	265	84	349
002065	2013/08/21	2014/02/20	2014/07/14	183	144	327
002400	2013/08/30	2014/02/20	2015/02/05	174	350	524
300296	2013/09/26	2014/02/27	2014/06/30	154	123	277
300195	2013/07/26	2014/02/28	2014/05/21	217	82	299

续表

上市公司代码	方案公告日 D1	审核会议日 D2	方案实施日 D3	D1—D2	D2—D3	D1—D3
300269	2013/10/11	2014/03/12	2014/07/04	152	114	266
300148	2013/07/01	2014/03/19	2014/06/11	261	84	345
600335	2013/03/22	2014/03/19	2014/08/27	362	161	523
002200	2013/08/05	2014/03/20	2014/06/18	227	90	317
000547	2013/08/28	2014/03/27	2014/05/21	211	55	266
000035	2013/09/18	2014/04/02	2014/09/25	196	176	372
300004	2013/11/22	2014/04/03	2014/07/14	132	102	234
002181	2013/09/04	2014/04/16	2014/07/02	224	77	301
002555	2013/07/26	2014/05/27	2014/12/27	305	214	519
300282	2013/09/09	2014/05/28	2014/09/12	261	107	368
600141	2013/12/19	2014/05/28	2014/07/14	160	47	207
002356	2013/09/30	2014/06/13	2014/09/22	256	101	357
300010	2013/12/04	2014/06/13	2014/09/02	191	81	272
002527	2013/11/20	2014/06/13	2014/08/22	205	70	275
300190	2013/12/20	2014/06/16	2014/09/19	178	95	273
002196	2013/11/08	2014/06/16	2014/09/26	220	102	322
300169	2013/10/28	2014/06/17	2014/09/05	232	80	312
002160	2013/12/17	2014/06/18	2014/09/02	183	76	259
002446	2013/11/01	2014/06/25	2014/09/05	236	72	308
002389	2013/11/12	2014/06/25	2014/10/09	225	106	331
300184	2013/07/17	2014/06/25	2014/08/14	343	50	393
000683	2014/01/16	2014/07/01	2014/12/31	166	183	349
600485	2013/08/16	2014/07/02	2014/09/10	320	70	390

续表

上市公司代码	方案公告日 D1	审核会议日 D2	方案实施日 D3	D1—D2	D2—D3	D1—D3
300284	2014/02/07	2014/07/03	2014/09/22	146	81	227
002514	2013/07/03	2014/07/10	2014/10/20	372	102	474
002519	2013/11/01	2014/07/11	2014/09/22	252	73	325
300339	2014/01/21	2014/07/11	2014/09/09	171	60	231
300011	2014/01/17	2014/07/11	2014/09/05	175	56	231
600814	2012/07/31	2014/07/17	2014/09/26	716	71	787
300108	2013/11/06	2014/07/17	2014/09/10	253	55	308
300278	2013/11/01	2014/07/18	2014/10/17	259	91	350
300055	2014/03/11	2014/07/18	2014/09/12	129	56	185
000851	2013/05/31	2014/07/23	2014/10/29	418	98	516
300292	2013/10/14	2014/07/23	2015/08/14	282	387	669
300229	2014/01/02	2014/07/23	2014/09/30	202	69	271
300012	2013/11/14	2014/07/24	2014/12/18	252	147	399
300237	2014/02/07	2014/07/24	2014/10/24	167	92	259
300116	2013/11/01	2014/08/20	2015/01/26	292	159	451
300143	2013/11/15	2014/08/28	2016/01/04	286	494	780
002642	2014/02/18	2014/08/28	2014/11/14	191	78	269
601599	2014/03/03	2014/08/29	2014/11/21	179	84	263
300114	2013/03/04	2014/09/03	2014/12/10	548	98	646
002099	2013/10/15	2014/09/03	2014/11/20	323	78	401
600614	2014/01/21	2014/09/04	2015/01/26	226	144	370
300324	2013/09/23	2014/09/04	2014/11/24	346	81	427
300213	2014/03/07	2014/09/12	2015/02/26	189	167	356

续表

上市公司代码	方案公告日 D1	审核会议日 D2	方案实施日 D3	D1—D2	D2—D3	D1—D3
300247	2014/04/09	2014/09/17	2014/12/08	161	82	243
002640	2014/04/09	2014/09/18	2014/11/11	162	54	216
300249	2014/01/14	2014/09/24	2015/01/20	253	118	371
300085	2014/01/23	2014/09/24	2014/12/05	244	72	316
002445	2013/12/11	2014/09/25	2015/01/23	288	120	408
300279	2014/03/25	2014/09/25	2014/12/10	184	76	260
002329	2014/03/14	2014/09/25	2014/11/27	195	63	258
000546	2013/08/30	2014/10/16	2014/12/04	412	49	461
600587	2014/02/26	2014/10/17	2014/12/10	233	54	287
300166	2014/04/16	2014/10/29	2014/12/31	196	63	259
300071	2013/11/22	2014/10/29	2015/03/10	341	132	473
300050	2014/05/30	2014/10/30	2015/01/12	153	74	227
002657	2014/06/05	2014/10/30	2014/12/17	147	48	195
002059	2014/06/24	2014/10/31	2014/12/30	129	60	189
000555	2014/05/06	2014/10/31	2015/01/13	178	74	252
300250	2013/10/17	2014/11/03	2015/02/10	382	99	481
300100	2014/05/05	2014/11/03	2015/01/28	182	86	268
000889	2014/03/03	2014/11/04	2014/12/19	246	45	291
002102	2014/04/30	2014/11/05	2015/04/01	189	147	336
300288	2014/04/18	2014/11/20	2015/01/08	216	49	265
300379	2014/06/30	2014/11/20	2015/01/28	143	69	212
600373	2014/03/18	2014/11/26	2015/02/13	253	79	332
300173	2014/06/10	2014/11/26	2014/12/30	169	34	203

续表

上市公司代码	方案公告日 D1	审核会议日 D2	方案实施日 D3	D1—D2	D2—D3	D1—D3
600066	2014/04/14	2014/11/27	2014/12/24	227	27	254
300199	2014/02/19	2014/11/27	2015/02/10	281	75	356
002596	2014/07/10	2014/11/28	2015/02/10	141	74	215
300128	2014/07/17	2014/11/28	2015/03/10	134	102	236
300093	2014/03/28	2014/11/28	2015/05/13	240	166	406
300224	2014/08/11	2014/12/09	2015/05/19	120	161	281
600203	2014/05/07	2014/12/03	2014/12/30	210	27	237
300356	2014/05/19	2014/12/03	2015/02/04	198	63	261
002279	2014/07/29	2014/12/03	2015/02/06	127	65	192
300242	2014/06/04	2014/12/04	2015/01/20	183	47	230
300271	2014/06/27	2014/12/04	2015/03/23	160	109	269
600871	2014/06/12	2014/12/04	2015/03/03	175	89	264
600645	2014/04/23	2014/12/10	2015/01/23	231	44	275
300381	2014/05/29	2014/12/11	2015/01/14	196	34	230
300201	2014/06/09	2014/12/11	2015/03/27	185	106	291
002076	2014/06/10	2014/12/17	2015/03/17	190	90	280
600136	2014/04/21	2014/12/24	2015/02/18	247	56	303
600418	2014/04/15	2014/12/24	2015/04/28	253	125	378
002681	2014/06/27	2014/12/26	2015/03/09	182	73	255
000008	2014/06/24	2014/12/26	2015/02/06	185	42	227
000821	2014/04/23	2014/12/30	2015/06/29	251	181	432
002721	2014/05/30	2014/12/30	2015/03/31	214	91	305

说明：基础数据来源于对上市公司公告、中国证监会并购重组委审核会议公告基本信息的统计。

附表 2　并购市场溢价计算表

序号	公司代码	方案公告日	方案实施日	方案公告日股价（元/股）	方案实施日股价（元/股）	方案公告日股本（万股）	方案实施日股本（万股）	最终交易值（万元）	自有现金支付数（万元）	初值（万元）	终值（万元）	并购市场溢价（万元）
1	600850	2009/12/03	2012/08/31	14. 48	26. 23	17 103. 15	32 174. 49	174 526. 10	0. 00	422 179. 71	843 936. 87	421 757. 16
2	002439	2010/12/28	2012/07/26	42. 55	15. 53	19 751. 82	20 756. 17	32 440. 00	0. 00	872 879. 94	322 343. 32	-550 536. 62
3	002498	2011/09/30	2012/05/16	15. 56	13. 56	70 500. 00	71 544. 00	24 000. 00	4 800. 00	1 116 180. 00	970 136. 64	-146 043. 36
4	600039	2011/03/25	2012/07/02	9. 45	4. 29	30 400. 00	104 650. 00	250 170. 33	0. 00	537 450. 33	448 948. 50	-88 501. 83
5	600180	2011/07/25	2012/08/28	9. 19	8. 72	25 099. 01	86 912. 39	265 797. 54	0. 00	496 457. 44	757 876. 04	261 418. 60
6	600988	2012/01/04	2012/12/07	8. 44	18. 35	9 963. 78	28 330. 23	159 420. 79	0. 00	243 515. 09	519 859. 72	276 344. 63
7	600133	2011/04/29	2013/06/07	8. 79	6. 13	49 606. 60	63 425. 78	91 974. 97	0. 00	528 016. 98	388 800. 03	-139 216. 95
8	000889	2012/01/06	2012/12/03	4. 76	4. 50	33 870. 76	44 552. 16	58 000. 00	0. 00	219 224. 82	200 484. 72	-18 740. 10
9	000008	2012/02/03	2012/12/28	7. 72	10. 81	7 365. 32	15 180. 08	54 000. 00	0. 00	110 860. 27	164 096. 66	53 236. 39
10	002281	2012/05/04	2013/09/12	29. 20	26. 95	16 000. 00	18 335. 18	61 040. 01	0. 00	528 240. 01	494 133. 10	-34 106. 91
11	002049	2012/06/04	2013/02/27	22. 15	24. 26	24 175. 30	30 340. 90	115 785. 00	0. 00	651 267. 90	736 070. 23	84 802. 34
12	000975	2012/01/16	2013/01/15	5. 12	10. 98	62 292. 57	108 556. 97	229 267. 04	0. 00	548 205. 00	1 191 955. 53	643 750. 53
13	600687	2012/04/29	2013/11/06	14. 15	12. 30	12 688. 86	37 711. 17	257 506. 13	0. 00	437 053. 50	463 847. 39	26 793. 89
14	000962	2012/07/26	2013/03/19	13. 27	12. 21	44 083. 26	44 083. 26	17 500. 00	0. 00	602 484. 86	538 256. 60	-64 228. 26

续表

序号	公司代码	方案公告日	方案实施日	方案公告日股价（元/股）	方案实施日股价（元/股）	方案公告日股本（万股）	方案实施日股本（万股）	最终交易值（万元）	自有现金支付数（万元）	初值（万元）	终值（万元）	并购市场溢价（万元）
15	600803	2011/10/25	2013/12/31	10.79	12.41	31 183.24	98 578.50	720 000.00	0.00	1 056 467.16	1 223 359.19	166 892.03
16	600738	2012/01/13	2013/04/18	5.59	5.81	26 277.63	36 886.76	62 700.00	0.00	209 591.95	214 312.08	4 720.12
17	002002	2011/09/30	2013/05/04	7.09	10.4	16 689.40	60 704.86	251 027.32	0.00	369 355.17	631 330.54	261 975.38
18	002392	2012/12/12	2013/06/28	6.88	5.87	54 000.00	59 927.97	25 428.37	0.00	396 948.37	351 777.18	−45 171.19
19	600513	2012/08/03	2013/06/20	10.13	10.12	15 210.00	15 670.02	4 867.00	0.00	158 944.30	158 580.60	−363.70
20	600567	2012/09/27	2013/08/07	1.84	2.09	158 601.70	313 673.34	297 463.97	0.00	589 291.10	655 577.28	66 286.18
21	000813	2013/01/26	2013/10/17	10.37	8.32	36 345.60	46 794.54	58 886.28	0.00	435 790.15	389 330.57	−46 459.58
22	600100	2013/01/10	2015/02/26	7.72	14.81	198 770.11	296 389.9	145 000.00	0.00	1 679 505.25	4 389 534.42	2 710 029.17
23	600580	2012/11/19	2013/08/22	3.94	6.43	68 772.88	111 052.72	208 912.19	0.00	479 877.34	714 068.99	234 191.65
24	300292	2012/11/20	2013/09/06	12.21	12.84	6 670.00	11 696.18	16 800.00	0.00	98 240.70	150 178.95	51 938.25
25	300058	2013/03/01	2013/09/09	31.3	51.90	39 672.22	46 431.11	180 000.00	0.00	1 421 740.49	2 409 774.61	988 034.12
26	002225	2013/02/08	2013/11/06	7.10	5.96	73 046.51	79 278.70	44 012.69	0.00	562 642.91	472 501.05	−90 141.86
27	300054	2013/04/26	2013/11/13	16.00	18.15	27 240.00	29 301.84	27 275.00	3 060.00	460 055.00	531 828.40	71 773.40
28	600419	2013/02/19	2013/11/22	11.23	19.48	8 016.00	8 638.94	23 697.19	0.00	113 716.87	168 286.55	54 569.68

续表

序号	公司代码	方案公告日	方案实施日	方案公告日股价（元/股）	方案实施日股价（元/股）	方案公告日股本（万股）	方案实施日股本（万股）	最终交易值（万元）	自有现金支付数（万元）	初值（万元）	终值（万元）	并购市场溢价（万元）
29	000973	2012/12/27	2013/12/25	4.15	4.04	91 883.23	96 742.32	18 901.85	0.00	400 217.25	390 838.97	-9 378.28
30	600728	2012/12/06	2013/12/26	8.62	14.73	36 280.03	49 976.69	107 569.11	0.00	420 302.97	736 156.64	315 853.68
31	000605	2012/01/16	2014/07/03	8.29	16.01	9 322.50	19 499.11	91 367.00	0.00	168 650.53	312 180.75	143 530.23
32	002642	2013/03/07	2014/11/17	14.26	36.29	20 000.00	39 910.91	56 250.00	0.00	341 450.00	1 448 366.92	1 106 916.92
33	002047	2013/04/26	2014/03/20	2.78	6.52	45 366.48	126 310.14	248 691.94	0.00	374 810.75	823 542.11	448 731.36
34	300256	2013/05/16	2014/03/19	13.01	15.25	10 000.00	22 582.57	83 937.50	0.00	214 037.50	344 384.19	130 346.69
35	300133	2013/05/27	2015/05/04	24.43	23.84	57 901.36	97 930.76	165 200.00	0.00	1 579 730.22	2 334 669.32	754 939.09
36	600617	2013/02/05	2014/01/27	9.03	20.37	16 719.48	59 303.75	351 904.13	0.00	502 881.03	1 208 017.39	705 136.35
37	600587	2013/05/28	2013/12/22	42.87	56.91	17 405.31	19 657.38	35 280.00	0.00	781 445.64	1 118 701.50	337 255.86
38	002368	2013/06/07	2013/12/27	20.49	33.98	23 709.41	27 441.17	49 049.00	0.00	534 854.81	932 450.96	397 596.15
39	000902	2012/12/07	2014/03/17	7.22	10.08	25 800.00	60 179.40	257 826.80	0.00	444 102.80	606 608.35	162 505.55
40	002289	2013/06/17	2014/11/04	19.07	20.90	11 350.00	18 683.58	145 000.00	0.00	361 444.50	390 486.82	29 042.32
41	600566	2013/05/31	2014/02/11	8.15	23.63	13 820.04	78 145.47	560 015.00	0.00	672 648.33	1 846 577.46	1 173 929.13
42	300088	2013/04/08	2014/03/26	26.68	17.60	32 630.00	51 370.23	40 089.12	0.00	910 657.52	904 116.05	-6 541.47

续表

序号	公司代码	方案公告日	方案实施日	方案公告日股价（元/股）	方案实施日股价（元/股）	方案公告日股本（万股）	方案实施日股本（万股）	最终交易值（万元）	自有现金支付数（万元）	初值（万元）	终值（万元）	并购市场溢价（万元）
43	300020	2013/05/31	2014/03/26	22. 67	32. 80	24 000. 00	27 458. 85	60 000. 00	0. 00	604 080. 00	900 650. 28	296 570. 28
44	600398	2013/07/12	2014/03/17	3. 10	9. 75	64 660. 41	449 275. 79	1 300 000. 00	0. 00	1 500 447. 27	4 380 438. 95	2 879 991. 68
45	300099	2013/06/14	2014/03/11	9. 68	11. 78	20 670. 00	21 459. 95	9 558. 34	0. 00	209 643. 94	252 798. 21	43 154. 27
46	000415	2013/08/16	2014/04/8	7. 28	8. 45	126 925. 30	177 430. 35	810 000. 00	0. 00	1 734 016. 18	1 499 286. 46	−234 729. 73
47	600499	2013/07/04	2014/02/28	13. 02	21. 37	66 624. 87	68 848. 22	33 094. 10	0. 00	900 549. 91	1 471 286. 46	570 736. 55
48	300355	2013/07/29	2014/04/24	27. 61	23. 80	20 546. 55	22 019. 61	39 900. 00	0. 00	607 190. 25	524 066. 72	−83 123. 53
49	002252	2013/03/25	2014/06/10	21. 05	64. 03	48 960. 00	60 925. 24	180 000. 00	0. 00	1 210 608. 00	3 901 043. 12	2 690 435. 12
50	002071	2013/05/10	2014/04/25	6. 03	19. 01	18 402. 00	52 542. 99	229 051. 76	0. 00	340 015. 82	998 842. 24	658 826. 42
51	300027	2013/06/04	2014/05/28	28. 55	21. 89	60 480. 00	123 764. 32	67 161. 60	0. 00	1 793 865. 60	2 709 200. 96	915 335. 36
52	300002	2013/07/09	2014/05/08	19. 34	12. 00	61 341. 39	132 318. 90	121 500. 00	0. 00	1 307 842. 48	1 587 826. 80	279 984. 32
53	300266	2013/08/06	2015/01/20	16. 86	47. 20	11 648. 00	16 560. 49	36 372. 43	0. 00	232 757. 71	781 655. 13	548 897. 42
54	300043	2013/08/16	2014/04/10	12. 53	38. 07	24 178. 18	28 277. 24	81 200. 00	0. 00	384 152. 60	1 076 514. 53	692 361. 93
55	002217	2013/08/30	2014/07/11	4. 20	6. 49	33 447. 60	107 842. 80	276 946. 13	0. 00	417 426. 05	699 899. 77	282 473. 72
56	002175	2013/06/07	2014/07/07	11. 28	17. 46	11 779. 83	14 410. 36	25 015. 21	0. 00	157 891. 69	251 604. 89	93 713. 19

续表

序号	公司代码	方案公告日	方案实施日	方案公告日股价（元/股）	方案实施日股价（元/股）	方案公告日股本（万股）	方案实施日股本（万股）	最终交易值（万元）	自有现金支付数（万元）	初值（万元）	终值（万元）	并购市场溢价（万元）
57	300222	2013/07/31	2014/06/16	12.41	23.65	10 800.00	16 389.58	52 600.00	0.00	186 628.00	387 613.57	200 985.57
58	002390	2013/05/30	2014/05/14	17.19	36.16	17 360.00	25 022.73	99 683.96	0.00	398 102.36	904 821.92	506 719.56
59	002065	2013/08/21	2014/07/14	29.37	17.14	68 996.72	151 000.81	58 300.00	0.00	2084 733.67	2 588 153.88	503 420.22
60	002400	2013/08/30	2015/02/05	36.65	27.60	38 549.98	60 314.59	57 000.00	0.00	1 469 856.77	1 664 682.68	194 825.92
61	300296	2013/09/26	2014/06/30	18.68	16.58	15 000.00	32 253.88	20 250.00	0.00	300 450.00	534 769.33	234 319.33
62	300195	2013/07/26	2014/05/21	27.05	25.90	14 222.40	17 118.62	93 840.00	0.00	478 555.92	443 372.26	−35 183.66
63	300269	2013/10/11	2014/07/04	17.23	31.66	7 358.00	17 319.52	86 000.00	0.00	212 778.34	548 336.00	335 557.66
64	300148	2013/07/01	2014/06/11	14.50	20.12	15 210.00	35 195.96	125 400.00	0.00	345 945.00	708 142.72	362 197.72
65	600335	2013/03/22	2014/08/27	13.43	17.12	56 000.46	62 714.57	70 825.55	0.00	822 911.73	1 073 673.44	250 761.71
66	002200	2013/08/05	2014/06/18	14.27	13.23	15 108.71	18 413.29	39 600.00	0.00	255 201.29	243 607.83	−11 593.47
67	000547	2013/08/28	2014/05/21	4.23	6.02	83 487.82	83 487.82	58 280.81	0.00	411 434.29	502 596.68	91 162.39
68	000035	2013/09/18	2014/09/25	12.22	12.24	18 895.37	61 927.89	180 000.00	0.00	410 901.42	757 997.37	347 095.95
69	300004	2013/11/22	2014/07/14	34.90	35.38	18 800.00	25 460.95	192 000.00	0.00	848 120.00	900 808.41	52 688.41
70	002181	2013/09/04	2014/07/02	11.00	15.82	69 200.26	72 566.14	45 000.00	0.00	806 202.86	1 147 996.33	341 793.47

续表

序号	公司代码	方案公告日	方案实施日	方案公告日股价（元/股）	方案实施日股价（元/股）	方案公告日股本（万股）	方案实施日股本（万股）	最终交易值（万元）	自有现金支付数（万元）	初值（万元）	终值（万元）	并购市场溢价（万元）
71	002555	2013/07/26	2014/12/27	10.59	26.64	13 400.00	32 485.49	192 000.00	0.00	333 906.00	865 413.45	531 507.45
72	300282	2013/09/09	2014/09/12	18.33	25.50	7 180.68	12 722.40	107 000.00	0.00	238 621.86	324 421.20	85 799.34
73	600141	2013/12/19	2014/07/14	12.48	10.26	43 539.00	53 073.43	121 182.60	0.00	664 549.32	544 533.39	-120 015.93
74	002356	2013/09/30	2014/09/22	21.83	42.78	8 000.00	10 349.15	51 000.00	0.00	225 640.00	442 736.64	217 096.64
75	300010	2013/12/04	2014/09/02	11.88	25.05	26 319.73	29 329.32	40 000.00	0.00	352 678.39	734 699.47	382 021.07
76	002527	2013/11/20	2014/08/22	10.98	19.69	35 147.35	39 323.14	60 000.00	0.00	445 917.90	774 272.63	328 354.72
77	300190	2013/12/20	2014/09/19	22.06	29.23	15 662.88	17 406.04	46 000.00	0.00	391 523.13	508 778.55	117 255.42
78	002196	2013/11/08	2014/09/26	8.89	19.64	14 928.87	17 079.40	20 000.00	0.00	152 717.65	335 439.42	182 721.76
79	300169	2013/10/28	2014/09/05	6.35	12.00	28 050.00	32 598.43	40 000.00	500.00	217 617.50	391 181.16	173 563.66
80	002160	2013/12/17	2014/09/02	4.72	6.23	34 000.00	39 346.53	27 000.00	0.00	187 480.00	245 128.88	57 648.88
81	002446	2013/11/01	2014/09/05	10.82	26.20	13 279.86	17 008.19	48 000.00	0.00	191 688.09	445 614.58	253 926.49
82	002389	2013/11/12	2014/10/09	6.60	10.77	49 836.96	58 135.81	48 000.00	0.00	376 923.94	626 122.67	249 198.74
83	300184	2013/07/17	2014/08/14	9.42	15.78	10 005.00	17 746.75	28 700.00	0.00	122 947.10	280 043.72	157 096.62
84	000683	2014/01/16	2014/12/31	3.92	4.96	76 781.40	161 889.18	315 106.39	0.00	616 089.48	802 970.33	186 880.85

续表

序号	公司代码	方案公告日	方案实施日	方案公告日股价(元/股)	方案实施日股价(元/股)	方案公告日股本(万股)	方案实施日股本(万股)	最终交易值(万元)	自有现金支付数(万元)	初值(万元)	终值(万元)	并购市场溢价(万元)
85	600485	2013/08/16	2014/09/10	8. 45	31. 92	13 858. 60	292 374. 28	2 248 730. 00	0. 00	2 365 835. 58	9 332 587. 02	6 966 751. 44
86	300284	2014/02/07	2014/09/22	19. 20	12. 37	24 000. 00	50 148. 99	18 974. 55	0. 00	479 774. 55	620 343. 01	140 568. 46
87	002514	2013/07/03	2014/10/20	12. 02	15. 55	10 880. 00	27 701. 71	42 300. 00	0. 00	173 077. 60	430 761. 59	257 683. 99
88	002519	2013/11/01	2014/09/22	13. 34	24. 35	21 120. 00	27 726. 20	102 800. 00	0. 00	384 540. 80	675 132. 97	290 592. 17
89	300339	2014/01/21	2014/09/09	20. 71	20. 23	15 348. 00	27 366. 68	72 000. 00	0. 00	389 857. 08	553 627. 94	163 770. 86
90	300011	2014/01/17	2014/09/05	15. 29	16. 15	23 119. 20	52 264. 24	76 000. 00	0. 00	429 492. 57	844 067. 48	414 574. 91
91	600814	2012/07/31	2014/09/26	6. 14	7. 87	31 038. 30	71 502. 68	231 456. 22	0. 00	422 031. 38	562 726. 09	140 694. 71
92	300108	2013/11/06	2014/09/10	7. 14	15. 10	13 520. 00	28 267. 32	105 530. 40	0. 00	202 063. 20	426 836. 53	224 773. 33
93	300278	2013/11/01	2014/10/17	7. 37	16. 46	17 340. 00	27 252. 17	63 000. 00	0. 00	190 795. 80	448 570. 72	257 774. 92
94	300055	2014/03/11	2014/09/12	34. 07	34. 07	22 880. 00	24 506. 16	68 100. 00	0. 00	847 621. 60	834 924. 87	-12 696. 73
95	000851	2013/05/31	2014/10/29	7. 86	14. 19	51 594. 00	58 411. 43	52 153. 31	0. 00	457 682. 15	828 858. 19	371 176. 04
96	300292	2013/10/14	2015/08/14	15. 13	15. 98	11 696. 18	31 896. 80	55 000. 00	0. 00	231 963. 20	509 710. 86	277 747. 66
97	300229	2014/01/02	2014/09/30	18. 25	27. 52	20 497. 00	23 294. 35	60 000. 00	0. 00	434 070. 25	641 060. 51	206 990. 26
98	300012	2013/11/14	2014/12/18	16. 15	17. 58	36 938. 50	38 132. 05	18 749. 75	0. 00	615 306. 53	670 361. 44	55 054. 91

续表

序号	公司代码	方案公告日	方案实施日	方案公告日股价（元/股）	方案实施日股价（元/股）	方案公告日股本（万股）	方案实施日股本（万股）	最终交易值（万元）	自有现金支付数（万元）	初值（万元）	终值（万元）	并购市场溢价（万元）
99	300237	2014/02/07	2014/10/24	33.79	22.93	5 700.00	13 034.35	60 000.00	5 000.00	247 603.00	298 877.65	51 274.65
100	300116	2013/11/01	2015/01/26	5.99	7.51	16 000.00	33 349.17	42 000.00	0.00	137 840.00	250 452.27	112 612.27
101	300143	2013/11/15	2016/01/04	9.80	26.60	14 740.00	23 393.85	46 500.00	0.00	190 952.00	622 276.41	431 324.41
102	002642	2014/02/18	2014/11/14	26.81	36.90	36 208.61	39 910.91	62 532.00	0.00	1 033 284.83	1 472 712.58	439 427.74
103	601599	2014/03/03	2014/11/21	7.63	10.70	31 800.00	37 742.71	47 000.00	0.00	289 634.00	403 847.00	114 213.00
104	300114	2013/03/04	2014/12/10	16.17	38.99	12 000.00	20 196.94	39 589.00	0.00	233 629.00	787 478.69	553 849.69
105	002099	2013/10/15	2014/11/20	6.69	9.76	32 449.00	72 304.36	189 120.00	0.00	406 203.81	705 690.55	299 486.74
106	600614	2014/01/21	2015/01/26	9.86	15.46	44 675.95	76 607.84	180 000.00	0.00	620 504.87	1 184 357.21	563 852.34
107	300324	2013/09/23	2014/11/24	32.17	52.51	11 200.00	23 621.99	16 000.00	4 500.00	371 804.00	1 240 390.69	868 586.69
108	300213	2014/03/07	2015/02/26	27.08	32.46	12 600.00	26 201.58	20 800.00	0.00	362 008.00	850 503.29	488 495.29
109	300247	2014/04/09	2014/12/08	15.23	9.62	12 262.50	25 860.96	10 800.00	0.00	197 557.88	248 782.44	51 224.56
110	002640	2014/04/09	2014/11/11	15.10	39.23	13 334.00	21 180.15	103 200.00	0.00	304 543.40	830 897.28	526 353.88
111	300249	2014/01/14	2015/01/20	8.91	12.42	15 680.00	17 597.28	14 419.61	0.00	154 128.41	218 558.22	64 429.81
112	300085	2014/01/23	2014/12/05	29.54	52.69	12 133.00	26 272.22	30 000.00	0.00	388 408.82	1 384 283.27	995 874.45

续表

序号	公司代码	方案公告日	方案实施日	方案公告日股价(元/股)	方案实施日股价(元/股)	方案公告日股本(万股)	方案实施日股本(万股)	最终交易值(万元)	自有现金支付数(万元)	初值(万元)	终值(万元)	并购市场溢价(万元)
113	002445	2013/12/11	2015/01/23	9. 38	19. 36	25 215. 00	36 938. 33	100 000. 00	0. 00	336 516. 70	715 126. 07	378 609. 37
114	300279	2014/03/25	2014/12/10	15. 35	27. 10	12 000. 00	13 315. 15	21 000. 00	0. 00	205 200. 00	360 840. 57	155 640. 57
115	002329	2014/03/14	2014/11/27	14. 47	29. 29	21 400. 00	26 643. 31	68 250. 00	0. 00	377 908. 00	780 382. 55	402 474. 55
116	000546	2013/08/30	2014/12/04	5. 95	9. 23	16 950. 65	59 843. 95	247 065. 42	0. 00	347 921. 79	552 359. 66	204 437. 87
117	600587	2014/02/26	2014/12/10	71. 31	34. 82	19 877. 38	40 314. 14	36 975. 00	0. 00	1 454 430. 97	1 403 738. 35	-50 692. 61
118	300166	2014/04/16	2014/12/31	35. 80	28. 06	12 150. 00	27 901. 78	45 080. 00	0. 00	480 050. 00	782 923. 95	302 873. 95
119	300071	2013/11/22	2015/03/10	29. 00	17. 05	17 188. 22	38 205. 47	46 000. 00	0. 00	544 458. 38	651 403. 26	106 944. 88
120	300050	2014/05/30	2015/01/12	17. 78	15. 79	21 600. 00	24 945. 72	62 500. 00	0. 00	446 548. 00	393 892. 92	-52 655. 08
121	002657	2014/06/05	2014/12/17	28. 55	65. 58	10 469. 63	15 848. 96	79 800. 00	0. 00	378 707. 94	1 039 374. 80	660 666. 86
122	002059	2014/06/24	2014/12/30	8. 93	12. 60	31 201. 01	36 539. 63	31 680. 00	0. 00	310 305. 02	460 399. 34	150 094. 32
123	000555	2014/05/06	2015/01/13	22. 30	45. 13	43 121. 40	45 890. 60	71 000. 00	0. 00	1 032 607. 22	2071 042. 78	1 038 435. 56
124	300250	2013/10/17	2015/02/10	18. 40	52. 56	8 000. 00	9 701. 49	35 000. 00	0. 00	182 200. 00	509 910. 31	327 710. 31
125	300100	2014/05/05	2015/01/28	6. 81	13. 52	28 050. 00	39 370. 22	82 000. 00	0. 00	273 020. 50	532 285. 37	259 264. 87
126	000889	2014/03/03	2014/12/19	5. 24	11. 23	44 552. 16	62 182. 68	87 800. 00	0. 00	321 253. 32	698 311. 50	377 058. 18

续表

序号	公司代码	方案公告日	方案实施日	方案公告日股价（元/股）	方案实施日股价（元/股）	方案公告日股本（万股）	方案实施日股本（万股）	最终交易值（万元）	自有现金支付数（万元）	初值（万元）	终值（万元）	并购市场溢价（万元）
127	002102	2014/04/30	2015/04/01	6.25	13.50	40 926.00	72 872.76	180 000.00	0.00	435 787.50	983 782.26	547 994.76
128	300288	2014/04/18	2015/01/08	53.00	173.68	10 680.00	11 264.71	65 000.00	0.00	631 040.00	1 956 454.83	1 325 414.83
129	300379	2014/06/30	2015/01/28	62.17	81.82	5 143.32	5 761.02	42 000.00	0.00	361 760.20	471 366.66	109 606.45
130	600373	2014/03/18	2015/02/13	21.19	15.59	65 871.20	137 794.00	266 000.00	0.00	1 661 810.73	2 148 208.46	486 397.73
131	300173	2014/06/10	2014/12/30	12.45	20.47	11 323.00	19 539.00	98 000.00	0.00	238 971.35	399 963.33	160 991.98
132	600066	2014/04/14	2014/12/24	16.89	20.72	127 370.99	147 733.23	379 363.26	0.00	2 530 659.28	3 061 032.53	530 373.24
133	300199	2014/02/19	2015/02/10	26.63	32.20	40 000.00	44 500.82	132 000.00	0.00	1 197 200.00	1 432 926.40	235 726.40
134	002596	2014/07/10	2015/02/10	10.03	12.10	21 520.00	26 807.90	36 000.00	0.00	251 845.60	324 375.59	72 529.99
135	300128	2014/07/17	2015/03/10	13.91	15.85	40 881.80	40 855.40	120 000.00	0.00	688 665.84	647 558.09	−41 107.75
136	300224	2014/08/11	2015/05/19	25.00	56.11	24 000.00	26 507.40	39 220.57	0.00	639 220.57	1 487 330.21	848 109.65
137	600203	2014/05/07	2014/12/30	8.35	9.33	28 377.89	38 028.07	80 000.00	0.00	316 955.38	354 801.89	37 846.51
138	300356	2014/05/19	2015/02/04	17.14	29.16	13 000.50	16 122.18	70 403.20	0.00	293 231.77	470 122.77	176 891.00
139	002279	2014/07/29	2015/02/06	20.65	40.10	17 579.53	19 819.87	48 000.00	0.00	411 017.29	794 776.79	383 759.49
140	300242	2014/06/04	2015/01/20	18.83	38.48	7 500.00	8 714.84	40 920.00	0.00	182 145.00	335 347.04	153 202.04

续表

序号	公司代码	方案公告日	方案实施日	方案公告日股价(元/股)	方案实施日股价(元/股)	方案公告日股本(万股)	方案实施日股本(万股)	最终交易值(万元)	自有现金支付数(万元)	初值(万元)	终值(万元)	并购市场溢价(万元)
141	300271	2014/06/27	2015/03/23	40.30	57.34	14 870.85	15 199.52	13 527.75	0.00	612 823.01	871 540.48	258 717.47
142	600871	2014/06/12	2015/03/03	2.78	6.43	390 000.00	1 414 266.00	2 407 549.52	0.00	3 491 749.52	9 093 730.38	5 601 980.86
143	600645	2014/04/23	2015/01/23	23.28	47.05	34 929.10	38 625.53	80 000.00	0.00	893 149.45	1 817 331.19	924 181.74
144	300381	2014/05/29	2015/01/14	42.69	31.38	4 580.00	9 945.87	18 750.00	0.00	214 270.20	312 101.40	97 831.20
145	300201	2014/06/09	2015/03/27	6.06	8.26	35 200.00	36 540.13	7 200.00	0.00	220 512.00	301 821.47	81 309.47
146	002076	2014/06/10	2015/03/17	10.07	13.49	18 427.07	24 051.32	49 500.00	0.00	235 060.59	324 452.31	89 391.71
147	600136	2014/04/21	2015/02/18	12.71	19.85	10 444.40	16 401.85	65 000.00	0.00	197 748.32	325 576.72	127 828.40
148	600418	2014/04/15	2015/04/28	10.42	15.24	128 490.58	146 323.30	641 219.44	0.00	1 980 091.28	2 229 967.09	249 875.81
149	002681	2014/06/27	2015/03/09	27.45	46.50	30 000.00	34 312.10	111 800.00	0.00	935 300.00	1 595 512.65	660 212.65
150	000008	2014/06/24	2015/02/06	8.40	25.09	30 360.16	55 389.26	180 000.00	0.00	435 025.34	1 389 716.53	954 691.19
151	000821	2014/04/23	2015/06/29	4.35	26.58	34 523.88	47 773.26	45 000.00	0.00	195 178.88	1 269 813.25	1 074 634.37
152	002721	2014/05/30	2015/03/31	23.23	26.26	16 725.00	21 601.20	90 000.00	0.00	478 521.75	567 247.51	88 725.76

说明：方案公告日期、方案实施日期基础数据来源于上市公司公告；

方案公告日股价和股本、方案实施日股价和股本基础数据来源于证券市场交易软件和上市公司公告；

最终交易值和自有现金支付数来源于并购重组交易报告书。

附表 3 并购市场溢价影响因素计算表

序号	公司代码	行业代码	方案公告日	方案实施日	行业指数（公告日）	行业指数（实施日）	评估值	净利润预测值 1	净利润预测值 2	净利润预测值 3	并购规模因子	行业因子	企业品质因子
1	600850	399239	2009/12/03	2012/08/31	860.20	588.49	174 526.10	13 030.01	15 195.30	17 660.20	174 526.10	−271.71	2 315.10
2	002439	399239	2010/12/28	2012/07/26	939.05	573.36	32 500.00	3 386.73	3 644.95	3 805.21	32 500.00	−365.69	209.24
3	002498	399233	2011/09/30	2012/05/16	1 106.07	1 014.09	24 204.90	1 197.24	2 462.70	3 057.08	24 204.90	−91.98	929.92
4	600039	399235	2011/03/25	2012/07/02	1 489.55	1 319.72	250 170.33	54 653.13	35 173.18	67 150.26	250 170.33	−169.83	6 248.57
5	600180	399236	2011/07/25	2012/08/28	1 506.34	949.42	298 800.00	31 415.07	37 706.70	44 369.15	298 800.00	−556.92	6 477.04
6	600988	399232	2012/01/04	2012/12/07	2 241.22	2062.12	159 420.79	23 202.54	24 142.03	24 142.03	159 420.79	−179.10	469.74
7	600133	399235	2011/04/29	2013/06/07	1 311.02	1 489.81	91 975.00	7 133.71	10 097.91	11 203.73	91 974.97	178.79	2035.01
8	000889	399236	2012/01/06	2012/12/03	1 052.55	808.02	60 295.75	3 047.84	3 565.73	4 137.14	60 295.75	−244.53	544.65
9	000008	399237	2012/02/03	2012/12/28	593.50	735.23	60 158.07	4 308.34	4 565.44	4 879.21	60 158.07	141.73	285.44
10	002281	399233	2012/05/04	2013/09/12	1 048.12	1 062.42	61 040.00	5 303.13	6 079.46	6 642.53	61 040.01	14.30	669.70
11	002049	399233	2012/06/04	2013/02/27	1 009.10	999.04	113 190.00	8 600.36	11 533.20	14 770.99	113 189.52	−10.06	3 085.32
12	000975	399232	2012/01/16	2013/01/15	2 371.83	2 500.81	229 271.99	3 750.85	20 044.09	31 266.53	229 271.99	128.98	13 757.84
13	600687	399232	2012/04/29	2013/11/06	2 785.99	1 920.01	257 506.13	1 257.02	15 060.21	22 001.44	257 506.13	−865.98	10 372.21
14	000962	399239	2012/07/26	2013/03/19	573.36	636.33	18 083.48	2 909.87	3 406.41	3 192.39	18 083.48	62.97	141.26

续表

序号	公司代码	行业代码	方案公告日	方案实施日	行业指数（公告日）	行业指数（实施日）	评估值	净利润预测值 1	净利润预测值 2	净利润预测值 3	并购规模因子	行业因子	企业品质因子
15	600803	399233	2011/10/25	2013/12/31	1 100. 49	1 103. 02	720 975. 69	51 934. 33	57 602. 51	63 594. 20	720 975. 69	2. 53	5 829. 94
16	600738	399236	2012/01/13	2013/04/18	1 070. 08	959. 61	62 700. 00	837. 57	2 207. 23	5 234. 59	62 700. 00	-110. 47	2 198. 51
17	002002	399233	2011/09/30	2013/05/04	1 106. 07	987. 48	251 027. 32	29 517. 53	42 381. 42	49 326. 41	251 027. 32	-118. 59	9 904. 44
18	002392	399233	2012/12/12	2013/06/28	841. 21	926. 61	25 428. 37	2 139. 77	2 951. 97	5 100. 08	25 428. 37	85. 40	1 480. 16
19	600513	399233	2012/08/03	2013/06/20	934. 92	989. 69	4 867. 00	654. 36	677. 59	704. 51	4 867. 00	54. 77	25. 08
20	600567	399233	2012/09/27	2013/08/07	894. 75	1 029. 04	297 900. 00	17 593. 64	28 390. 31	42 635. 84	297 900. 00	134. 29	12 521. 10
21	000813	399233	2013/01/26	2013/10/17	957. 24	1 093. 98	58 886. 27	6 885. 50	10 010. 53	10 010. 53	58 886. 27	136. 74	1 562. 52
22	600100	399239	2013/01/10	2015/02/26	599. 63	2 184. 00	136 800. 00	7 811. 76	11 262. 41	14 556. 40	136 800. 00	1 584. 37	3 372. 32
23	600580	399233	2012/11/19	2013/08/22	856. 35	1 049. 68	208 912. 19	15 420. 44	15 712. 86	15 840. 12	208 912. 19	193. 33	209. 84
24	300292	399239	2012/11/20	2013/09/06	520. 54	1 072. 99	16 822. 56	2048. 87	2 458. 43	2 767. 83	16 822. 56	552. 45	359. 48
25	300058	399248	2013/03/01	2013/09/09	724. 84	1 630. 29	180 337. 64	22 513. 60	22 729. 02	24 620. 57	180 337. 64	905. 45	1 053. 49
26	002225	399233	2013/02/08	2013/11/06	1 020. 12	1 054. 04	44 012. 69	3 710. 85	4 387. 79	5 108. 00	44 012. 69	33. 92	698. 58
27	300054	399233	2013/04/26	2013/11/13	963. 15	1 026. 78	27 680. 55	3 840. 00	4 798. 00	5 997. 00	27 680. 55	63. 63	1 078. 50
28	600419	399233	2013/02/19	2013/11/22	1 005. 29	1 081. 28	24 480. 99	831. 87	1 167. 05	1 830. 34	24 480. 99	75. 99	499. 24

续表

序号	公司代码	行业代码	方案公告日	方案实施日	行业指数（公告日）	行业指数（实施日）	评估值	净利润预测值 1	净利润预测值 2	净利润预测值 3	并购规模因子	行业因子	企业品质因子
29	000973	399233	2012/12/27	2013/12/25	910. 69	1 096. 76	18 901. 85	2 259. 95	3 152. 43	3 446. 15	18 901. 85	186. 07	593. 10
30	600728	399239	2012/12/06	2013/12/26	495. 78	1 052. 76	113 369. 11	4 188. 80	7 007. 22	10 599. 94	113 369. 11	556. 98	3 205. 57
31	000605	399233	2012/01/16	2014/07/03	890. 32	1 176. 60	91 367. 02	403. 76	427. 81	520. 86	91 367. 02	286. 28	58. 55
32	002642	399239	2013/03/07	2014/11/17	673. 73	1 511. 88	57 291. 75	6 276. 00	8 312. 00	10 910. 00	57 291. 75	838. 15	2 317. 00
33	002047	399235	2013/04/26	2014/03/20	1 353. 06	1 157. 69	248 691. 94	34 776. 96	43 706. 24	52 729. 46	248 691. 94	−195. 37	8 976. 25
34	300256	399233	2013/05/16	2014/03/19	1 041. 79	1 152. 43	85 120. 30	7 234. 14	9 242. 12	9 546. 75	85 120. 30	110. 64	1 156. 31
35	300133	399248	2013/05/27	2015/05/04	1 033. 37	2 505. 58	165 248. 36	19 383. 97	25 596. 94	26 285. 31	165 248. 36	1 472. 21	3 450. 67
36	600617	399233	2013/02/05	2014/01/27	993. 11	1 125. 20	351 900. 10	30 631. 42	42 624. 87	48 756. 28	351 900. 10	132. 09	9 062. 43
37	600587	399233	2013/05/28	2013/12/22	1 087. 07	1 067. 06	39 636. 64	3 993. 13	4 421. 27	4 749. 63	39 636. 64	−20. 01	378. 25
38	002368	399239	2013/06/07	2013/12/27	789. 04	1 097. 64	49 156. 67	3 844. 10	4 629. 76	5 283. 73	49 156. 67	308. 60	719. 82
39	000902	399233	2012/12/07	2014/03/17	832. 92	1 153. 60	269 963. 16	22 528. 73	20 292. 97	18 180. 14	269 963. 16	320. 68	−2 174. 30
40	002289	399239	2013/06/17	2014/11/04	832. 15	1 533. 03	145 128. 00	11 838. 00	14 203. 00	17 054. 00	145 128. 00	700. 88	2 608. 00
41	600566	399233	2013/05/31	2014/02/11	1 087. 92	1 176. 29	560 015. 00	23 766. 76	36 032. 88	42 613. 73	560 015. 00	88. 38	9 423. 49
42	300088	399239	2013/04/08	2014/03/26	652. 89	1 270. 88	40 089. 12	5 296. 51	6 788. 23	6 961. 22	40 089. 12	617. 99	832. 36

续表

序号	公司代码	行业代码	方案公告日	方案实施日	行业指数（公告日）	行业指数（实施日）	评估值	净利润预测值 1	净利润预测值 2	净利润预测值 3	并购规模因子	行业因子	企业品质因子
43	300020	399239	2013/05/31	2014/03/26	824. 09	1 270. 88	60 273. 00	5 688. 24	6 550. 07	7 506. 17	60 273. 00	446. 79	908. 97
44	600398	399239	2013/07/12	2014/03/17	879. 31	1 298. 69	1 348 896. 44	147 031. 94	170 660. 36	191 276. 59	1 348 896. 44	419. 38	22 122. 33
45	300099	399233	2013/06/14	2014/03/11	1 021. 67	1 118. 94	9 558. 34	2 410. 85	3 034. 88	3 767. 26	9 558. 34	97. 27	678. 21
46	000415	399240	2013/08/16	2014/04/08	631. 66	618. 65	816 336. 00	92 473. 49	101 838. 56	121 402. 37	816 336. 00	−13. 01	14 464. 44
47	600499	399233	2013/07/04	2014/02/28	975. 53	1 144. 83	33 094. 10	3 957. 55	4 737. 47	4 805. 57	33 094. 10	169. 30	424. 01
48	300355	399244	2013/07/29	2014/04/24	1 041. 00	979. 05	39 900. 00	4 690. 40	5 395. 89	6 475. 29	39 900. 00	−61. 95	892. 45
49	002252	399233	2013/03/25	2014/06/10	1 018. 22	1 114. 56	180 695. 60	9 202. 07	12 102. 98	15 653. 66	180 695. 60	96. 34	3 225. 80
50	002071	399248	2013/05/10	2014/04/25	901. 24	1 396. 74	229 051. 76	20 818. 94	23 603. 52	26 184. 50	229 051. 76	495. 50	2 682. 78
51	300027	399248	2013/06/04	2014/05/28	993. 86	1 445. 28	67 516. 30	14 299. 61	18 018. 67	18 565. 11	67 516. 30	451. 42	2 132. 75
52	300002	399239	2013/07/09	2014/05/08	845. 88	1 132. 76	122 093. 74	11 208. 50	15 119. 36	19 652. 56	122 093. 74	286. 88	4 222. 03
53	300266	399233	2013/08/06	2015/01/20	1 041. 86	1 494. 24	36 384. 29	2 919. 82	2 926. 53	3 033. 53	36 384. 29	452. 38	56. 86
54	300043	399233	2013/08/16	2014/04/10	1 019. 93	1 147. 65	81 272. 89	7 846. 67	9 693. 79	11 389. 27	81 272. 89	127. 72	1 771. 30
55	002217	399233	2013/08/30	2014/07/11	1 032. 19	1 174. 76	276 960. 74	17 992. 18	24 985. 71	31 975. 11	276 960. 74	142. 58	6 991. 47
56	002175	399233	2013/06/07	2014/07/07	1 031. 08	1 174. 96	25 592. 75	1 621. 93	1 548. 45	1 285. 83	25 592. 75	143. 88	−168. 05

续表

序号	公司代码	行业代码	方案公告日	方案实施日	行业指数（公告日）	行业指数（实施日）	评估值	净利润预测值 1	净利润预测值 2	净利润预测值 3	并购规模因子	行业因子	企业品质因子
57	300222	399233	2013/07/31	2014/06/16	981. 21	1 140. 14	52 612. 06	5 121. 11	6 135. 01	7 386. 06	52 612. 06	158. 93	1 132. 48
58	002390	399233	2013/05/030	2014/05/14	1 095. 37	1 091. 10	98 760. 60	4 498. 18	4 762. 51	4 902. 67	98 760. 60	−4. 27	202. 25
59	002065	399239	2013/08/21	2014/07/14	1 005. 75	1 281. 27	58 681. 35	6 342. 57	7 624. 08	8 776. 98	58 681. 35	275. 52	1 217. 21
60	002400	399248	2013/08/30	2015/02/05	1 373. 02	1 743. 54	60 769. 99	5 278. 43	5 940. 96	6 591. 58	60 769. 99	370. 52	656. 58
61	300296	399233	2013/09/26	2014/06/30	1 067. 75	1 156. 85	20 644. 22	2044. 66	2 901. 45	3 615. 71	20 644. 22	89. 10	785. 53
62	300195	399233	2013/07/26	2014/05/21	998. 61	1 076. 82	94 214. 00	12 018. 00	12 187. 00	12 321. 00	94 214. 00	78. 21	151. 50
63	300269	399248	2013/10/11	2014/07/04	1 706. 64	1 472. 43	86 018. 13	9 952. 91	11 260. 19	12 195. 75	86 018. 13	−234. 21	1 121. 42
64	300148	399239	2013/07/01	2014/06/11	838. 33	1 241. 65	125 413. 31	12 010. 11	15 014. 92	16 572. 34	125 413. 31	403. 32	2 281. 12
65	600335	399236	2013/03/22	2014/08/27	1 010. 60	1 322. 00	70 825. 55	5 925. 57	6 302. 36	6 812. 56	70 825. 55	311. 40	443. 50
66	002200	399243	2013/08/05	2014/06/18	1 099. 66	1 207. 21	39 850. 80	5 776. 60	7 535. 34	9 707. 20	39 850. 80	107. 55	1 965. 30
67	000547	399242	2013/08/28	2014/05/21	1 322. 38	1 410. 31	58 400. 00	1 477. 59	3 708. 82	4 757. 04	58 400. 00	87. 93	1 639. 73
68	000035	399233	2013/09/18	2014/09/25	1 059. 68	1 381. 23	181 100. 00	13 665. 57	17 556. 58	22 583. 81	181 100. 00	321. 55	4 459. 12
69	300004	399233	2013/11/22	2014/07/14	1 081. 28	1 190. 61	193 721. 98	12 728. 40	13 909. 36	15 859. 46	193 721. 98	109. 33	1 565. 53
70	002181	399248	2013/09/04	2014/07/02	1 510. 09	1 498. 06	45 098. 96	4 103. 29	2 491. 21	4 951. 19	45 098. 96	−12. 03	423. 95

续表

序号	公司代码	行业代码	方案公告日	方案实施日	行业指数（公告日）	行业指数（实施日）	评估值	净利润预测值 1	净利润预测值 2	净利润预测值 3	并购规模因子	行业因子	企业品质因子
71	002555	399239	2013/07/26	2014/12/27	995. 93	1 610. 78	192 660. 00	695. 22	2 514. 59	3 169. 67	192 660. 00	614. 85	1 237. 23
72	300282	399233	2013/09/09	2014/09/12	1 071. 79	1 370. 01	107 219. 63	9 405. 44	11 426. 07	13 906. 07	107 219. 63	298. 22	2 250. 32
73	600141	399233	2013/12/19	2014/07/14	1 081. 97	1 190. 61	121 886. 40	26 589. 57	27 608. 25	27 302. 35	121 886. 40	108. 64	356. 39
74	002356	399236	2013/09/30	2014/09/22	1 341. 53	1 432. 06	51 017. 37	4 745. 28	6 635. 92	8 491. 51	51 017. 37	90. 53	1 873. 12
75	300010	399243	2013/12/04	2014/09/02	1 167. 60	1 363. 85	42 512. 03	3 604. 86	3 739. 74	3 989. 46	42 512. 03	196. 25	192. 30
76	002527	399233	2013/11/20	2014/08/22	1 090. 98	1 303. 80	79 300. 00	3 624. 95	4 935. 04	6 292. 88	79 300. 00	212. 82	1 333. 97
77	300190	399233	2013/12/20	2014/09/19	1 067. 06	1 363. 92	46 320. 00	3 989. 13	5 147. 44	5 989. 78	46 320. 00	296. 86	1 000. 33
78	002196	399233	2013/11/08	2014/09/26	1 024. 08	1 438. 77	20 495. 32	1 792. 17	1 993. 70	2 198. 37	20 495. 32	414. 69	203. 10
79	300169	399243	2013/10/28	2014/09/05	1 121. 73	1 386. 94	40 400. 00	2 544. 17	3 494. 26	3 926. 55	40 400. 00	265. 21	691. 19
80	002160	399233	2013/12/17	2014/09/02	1 097. 64	1 321. 53	27 100. 00	2 286. 05	2 574. 43	2 775. 04	27 100. 00	223. 89	244. 50
81	002446	399243	2013/11/01	2014/09/05	1 080. 46	1 386. 94	48 050. 57	4 785. 21	5 999. 15	7 480. 36	48 050. 57	306. 48	1 347. 58
82	002389	399233	2013/11/12	2014/10/09	1 045. 76	1 431. 84	48 357. 60	5 271. 74	6 766. 20	8 703. 90	48 357. 60	386. 08	1 716. 08
83	300184	399239	2013/07/17	2014/08/14	938. 26	1 289. 98	28 706. 59	466. 09	606. 51	624. 15	28 706. 59	351. 72	79. 03
84	000683	399233	2014/01/16	2014/12/31	1 095. 67	1 417. 01	315 109. 90	31 751. 89	29 383. 97	27 194. 42	315 109. 90	321. 34	-2 278. 74

续表

序号	公司代码	行业代码	方案公告日	方案实施日	行业指数（公告日）	行业指数（实施日）	评估值	净利润预测值1	净利润预测值2	净利润预测值3	并购规模因子	行业因子	企业品质因子
85	600485	399242	2013/08/16	2014/09/10	1 246.72	1 651.02	248 730.41	168 669.00	200 266.00	224 894.00	2 248 730.41	404.30	28 112.50
86	300284	399244	2014/02/07	2014/09/22	1 028.68	1 168.39	19 010.49	2 621.12	2 811.07	2 885.23	19 010.49	139.71	132.06
87	002514	399233	2013/07/03	2014/10/20	970.10	1 415.35	42 348.00	2 450.00	4 241.00	5 544.00	42 348.00	445.25	1 547.00
88	002519	399233	2013/11/01	2014/09/22	1 046.47	1 345.55	102 868.58	7 397.28	8 254.60	9 660.47	102 868.58	299.08	1 131.60
89	300339	399239	2014/01/21	2014/09/09	1 162.86	1 438.19	74 566.37	3 020.02	5 045.08	5 693.25	74 566.37	275.33	1 336.62
90	300011	399233	2014/01/17	2014/09/05	1 082.08	1 346.96	76 265.55	8 334.14	9 115.40	9 708.10	76 265.55	264.88	686.98
91	600814	399236	2012/07/31	2014/09/26	953.75	1 478.77	231 456.22	29 211.09	30 504.06	27 035.40	231 456.22	525.02	-1 087.85
92	300108	399233	2013/11/06	2014/09/10	1 054.04	1 360.20	109 344.09	8 104.51	10 038.50	11 730.06	109 344.09	306.16	1 812.78
93	300278	399233	2013/11/01	2014/10/17	1 046.47	1 396.24	63 010.60	3 661.46	4 999.81	5 365.62	63 010.60	349.77	852.08
94	300055	399244	2014/03/11	2014/09/12	988.14	1 180.49	72 972.14	4 593.68	5 796.61	7 414.96	72 972.14	192.35	1 410.64
95	000851	399239	2013/05/31	2014/10/29	824.09	1 541.10	57 717.54	6 003.75	6 496.15	7 248.53	57 717.54	717.01	622.39
96	300292	399239	2013/10/14	2015/08/14	1 199.00	3 150.92	55 495.00	4 901.47	6 468.39	7 836.91	55 495.00	1 951.92	1 467.72
97	300229	399239	2014/01/02	2014/09/30	1 104.43	1 536.40	60 051.91	4 043.75	5 118.62	6 242.84	60 051.91	431.97	1 099.55
98	300012	399243	2013/11/14	2014/12/18	1 093.73	1 512.81	18 749.75	1 365.17	1 693.18	1 941.92	18 749.75	419.08	288.38

续表

序号	公司代码	行业代码	方案公告日	方案实施日	行业指数（公告日）	行业指数（实施日）	评估值	净利润预测值 1	净利润预测值 2	净利润预测值 3	并购规模因子	行业因子	企业品质因子
99	300237	399233	2014/02/07	2014/10/24	1 140. 81	957. 87	60 100. 00	2 813. 09	4 052. 96	4 461. 48	60 100. 00	-182. 94	824. 20
100	300116	399233	2013/11/01	2015/01/26	1 046. 67	1 553. 60	43 570. 09	3 584. 31	4 239. 18	4 893. 02	43 570. 09	506. 93	654. 36
101	300143	399231	2013/11/15	2016/01/04	771. 24	1 440. 03	47 069. 86	4 244. 06	4 783. 28	4 799. 61	47 069. 86	668. 79	277. 78
102	002642	399239	2014/02/18	2014/11/14	1 353. 73	1 480. 86	62 532. 00	5 455. 74	7 469. 89	9 487. 08	62 532. 00	127. 13	2015. 67
103	601599	399248	2014/03/03	2014/11/21	1 457. 51	1 570. 89	47 213. 47	4 347. 98	5 393. 81	6 782. 13	47 213. 47	113. 38	1 217. 08
104	300114	399233	2013/03/04	2014/12/10	999. 52	1 473. 40	39 589. 00	3 855. 60	5 424. 30	6 844. 06	39 589. 00	473. 88	1 494. 23
105	002099	399233	2013/10/15	2014/11/20	1 119. 63	1 404. 35	189 186. 00	22 615. 08	27 111. 47	30 355. 96	189 186. 00	284. 72	3 870. 44
106	600614	399243	2014/01/21	2015/01/26	1 236. 10	1 596. 72	180 400. 00	12 213. 73	18 101. 47	22 042. 70	180 400. 00	360. 62	4 914. 49
107	300324	399239	2013/09/23	2014/11/24	1 106. 89	1 590. 04	16 204. 05	2090. 21	2 504. 66	2 876. 75	16 204. 05	483. 15	393. 27
108	300213	399239	2014/03/07	2015/02/26	1 306. 07	2 184. 00	20 919. 01	1 603. 81	2007. 02	2 495. 59	20 919. 01	877. 93	445. 89
109	300247	399233	2014/04/09	2014/12/08	1 142. 56	1 483. 13	81 151. 00	757. 33	945. 75	1 092. 35	81 151. 00	340. 58	167. 51
110	002640	399239	2014/04/09	2014/11/11	1 232. 09	1 494. 15	104 549. 00	8 964. 00	12 596. 00	16 901. 00	104 549. 00	262. 06	3 968. 50
111	300249	399233	2014/01/14	2015/01/20	1 114. 05	1 494. 24	14 419. 61	2 941. 19	3 362. 52	4 003. 69	14 419. 61	380. 19	531. 25
112	300085	399239	2014/01/23	2014/12/05	1 229. 53	1 705. 30	34 672. 69	3 841. 71	4 691. 33	5 580. 27	34 672. 69	475. 77	869. 28

续表

序号	公司代码	行业代码	方案公告日	方案实施日	行业指数（公告日）	行业指数（实施日）	评估值	净利润预测值 1	净利润预测值 2	净利润预测值 3	并购规模因子	行业因子	企业品质因子
113	002445	399233	2013/12/11	2015/01/23	1 097. 48	1 526. 01	101 281. 12	8 990. 00	11 182. 00	14 230. 00	101 281. 12	428. 53	2 620. 00
114	300279	399233	2014/03/25	2014/12/10	1 136. 19	1 473. 40	21 157. 70	1 895. 86	2 188. 94	2 457. 89	21 157. 70	337. 21	281. 02
115	002329	399231	2014/03/14	2014/11/27	707. 95	1 068. 04	68 905. 63	2 759. 84	6 350. 30	8 011. 43	68 905. 63	360. 09	2 625. 80
116	000546	399233	2013/08/30	2014/12/04	1 032. 19	1 512. 04	247 065. 42	20 637. 17	19 833. 94	21 653. 07	247 065. 42	479. 85	507. 95
117	600587	399233	2014/02/26	2014/12/10	1 150. 40	1 473. 40	36 986. 48	1 373. 30	1 385. 84	1 463. 10	36 986. 48	323. 00	44. 90
118	300166	399239	2014/04/16	2014/12/31	1 215. 74	1 536. 79	45 087. 78	4 519. 76	5 900. 90	6 276. 90	45 087. 78	321. 05	878. 57
119	300071	399242	2013/11/22	2015/03/10	1 429. 98	2 346. 75	46 172. 61	4 599. 40	5 284. 73	6 065. 23	46 172. 61	916. 77	732. 92
120	300050	399239	2014/05/30	2015/01/12	1 217. 50	1 653. 42	62 550. 00	5 169. 55	5 807. 47	7 042. 54	62 550. 00	435. 92	936. 50
121	002657	399239	2014/06/05	2014/12/17	1 238. 88	1 742. 62	79 865. 17	7 234. 45	8 614. 97	9 420. 82	79 865. 17	503. 74	1 093. 19
122	002059	399244	2014/06/24	2014/12/30	1 004. 82	1 265. 50	32 104. 66	7 496. 21	9 371. 16	9 529. 88	32 104. 66	260. 68	1 016. 84
123	000555	399239	2014/05/06	2015/01/13	1 170. 05	1 699. 67	71 000. 00	2 880. 96	4 189. 98	5 598. 78	71 000. 00	529. 62	1 358. 91
124	300250	399239	2013/10/17	2015/02/10	1 125. 02	2009. 11	35 058. 95	3 118. 23	3 589. 42	4 126. 99	35 058. 95	884. 09	504. 38
125	300100	399233	2014/05/05	2015/01/28	1 088. 91	1 552. 05	82 695. 71	11 692. 35	13 470. 54	13 629. 25	82 695. 71	463. 14	968. 45
126	000889	399239	2014/03/03	2014/12/19	1 329. 76	1 700. 14	87 802. 98	7 338. 22	9 009. 28	10 330. 19	87 802. 98	370. 38	1 495. 99

续表

序号	公司代码	行业代码	方案公告日	方案实施日	行业指数（公告日）	行业指数（实施日）	评估值	净利润预测值 1	净利润预测值 2	净利润预测值 3	并购规模因子	行业因子	企业品质因子
127	002102	399233	2014/04/30	2015/04/01	1 077. 36	2006. 10	180 678. 69	18 166. 36	22 721. 65	23 521. 50	180 678. 69	928. 74	2 677. 57
128	300288	399239	2014/04/18	2015/01/08	1 231. 19	1 607. 75	65 079. 85	5 352. 17	6 192. 60	6 925. 55	65 079. 85	376. 57	786. 69
129	300379	399239	2014/06/30	2015/01/28	1 305. 31	1 899. 18	42 098. 60	3 673. 89	4 543. 45	5 220. 28	42 098. 60	593. 88	773. 20
130	600373	399248	2014/03/18	2015/02/13	1 505. 05	1 834. 49	266 000. 00	20 204. 59	25 098. 39	28 026. 73	266 000. 00	329. 44	3 911. 07
131	300173	399233	2014/06/10	2014/12/30	1 114. 56	1 403. 05	98 045. 92	10 785. 26	11 962. 05	12 767. 76	98 045. 92	288. 50	991. 25
132	600066	399233	2014/04/14	2014/12/24	1 152. 00	1 425. 55	407 467. 66	45 164. 66	50 809. 89	49 240. 34	407 467. 66	273. 56	2037. 84
133	300199	399233	2014/02/19	2015/02/10	1 214. 61	1 513. 03	132 683. 00	13 966. 32	15 319. 74	16 706. 33	132 683. 00	298. 42	1 370. 01
134	002596	399233	2014/07/10	2015/02/10	1 165. 73	1 513. 03	36 100. 57	4 535. 98	4 766. 92	4 932. 89	36 100. 57	347. 30	198. 46
135	300128	399233	2014/07/17	2015/03/10	1 167. 45	1 708. 06	118 582. 66	14 961. 12	18 921. 49	21 308. 36	118 582. 66	540. 61	3 173. 62
136	300224	399233	2014/08/11	2015/05/19	1 261. 18	2 551. 84	38 361. 54	1 621. 92	2 826. 32	4 014. 30	38 361. 54	1 290. 66	1 196. 19
137	600203	399236	2014/05/07	2014/12/30	1 115. 21	1 523. 78	81 373. 66	6 244. 58	6 956. 99	7 440. 15	81 373. 66	408. 57	597. 79
138	300356	399233	2014/05/19	2015/02/04	1 063. 29	1 537. 11	70 400. 60	8 107. 00	8 368. 00	8 683. 00	70 400. 60	473. 82	288. 00
139	002279	399239	2014/07/29	2015/02/06	1 248. 63	1 973. 16	48 013. 77	3 678. 45	4 990. 70	6 439. 64	48 013. 77	724. 54	1 380. 60
140	300242	399233	2014/06/04	2015/01/20	865. 51	1 494. 24	42 934. 80	1 889. 77	2 302. 47	2 735. 27	42 934. 80	628. 73	422. 75

续表

序号	公司代码	行业代码	方案公告日	方案实施日	行业指数（公告日）	行业指数（实施日）	评估值	净利润预测值1	净利润预测值2	净利润预测值3	并购规模因子	行业因子	企业品质因子
141	300271	399239	2014/06/27	2015/03/23	1 281.67	2 762.98	13 759.13	2002.98	2 208.39	2 429.74	13 759.13	1 481.31	213.38
142	600871	399235	2014/06/12	2015/03/03	1 131.52	1 867.78	2 407 549.52	−4 795.73	−5 110.21	−5 110.21	2 407 549.52	736.26	−157.24
143	600645	399243	2014/04/23	2015/01/23	1 204.66	1 561.57	83 000.00	5 223.50	6 483.60	8 325.20	83 000.00	356.91	1 550.85
144	300381	399233	2014/05/29	2015/01/14	1 101.48	1 461.90	18 750.00	1 782.02	2 485.05	3 296.72	18 750.00	360.42	757.35
145	300201	399233	2014/06/09	2015/03/27	1 099.34	1 929.48	7 237.35	901.73	1 082.60	1 186.28	7 237.35	830.14	142.28
146	002076	399233	2014/06/10	2015/03/17	1 114.56	1 788.50	49 510.93	5 449.47	6 465.63	7 429.47	49 510.93	673.94	990.00
147	600136	399248	2014/04/21	2015/02/18	1 431.40	1 836.09	65 916.36	5 599.92	7 582.97	9 641.07	65 916.36	404.69	2020.58
148	600418	399233	2014/04/15	2015/04/28	1 142.29	2 196.49	641 219.44	103 355.13	55 303.76	68 106.38	641 219.44	1 054.20	−17 624.38
149	002681	399233	2014/06/27	2015/03/09	1 144.40	1 687.25	111 857.40	12 820.52	15 728.89	17 582.67	111 857.40	542.86	2 381.08
150	000008	399233	2014/06/24	2015/02/06	1 125.18	1 499.65	184 374.05	7 325.27	10 080.55	11 054.94	184 374.05	374.47	1 864.84
151	000821	399233	2014/04/23	2015/06/29	1 119.24	2 396.46	45 052.72	4 163.51	5 031.68	5 999.93	45 052.72	1 277.22	918.21
152	002721	399233	2014/05/30	2015/03/31	1 105.50	1 953.53	90 500.00	5 981.01	8 111.87	10 247.71	90 500.00	848.03	2 133.35

说明：方案公告日期、方案实施日期基础数据来源于上市公司公告；

公告日行业指数和实施日行业指数基础数据来源于证券市场交易软件中按照中国证监会的行业分类标准划分的行业指数信息；

评估值数据来源于上市公司并购重组资产评估报告书；

净利润三年的预测值数据来源于上市公司并购重组资产评估报告书。

附表 4　收益预测值与实际值的偏离程度计算表

序号	净利润预测值（万元）	净利润实际值（万元）	偏离程度	预测值减实际值均值（万元）	实际值减实际值均值（万元）	（预测值减实际值均值）平方	（实际值减实际值均值）平方
1	6 456	7 872	-0. 18	-4 465	-3 049	19 940 033	9 298 209
2	2 803	4 648	-0. 40	-8 118	-6 273	65 902 840	39 353 872
3	2 400	1 752	0. 37	-8 522	-9 170	72 616 243	84 086 084
4	40 239	49 315	-0. 18	29 317	38 394	859 504 288	1 474 068 026
5	23 277	21 738	0. 07	12 355	10 817	152 657 974	117 004 104
6	7 134	7 653	-0. 07	-3 788	-3 269	14 347 478	10 684 769
7	3 048	3 191	-0. 04	-7 874	-7 730	61 994 781	59 755 783
8	963	376	1. 56	-9 958	-10 545	99 165 079	111 199 059
9	23 497	24 350	-0. 04	12 576	13 428	158 154 356	180 319 605
10	3 500	3 561	-0. 02	-7 422	-7 361	55 078 906	54 177 497
11	2 614	2 883	-0. 09	-8 307	-8 038	69 011 839	64 617 425
12	1 134	1 275	-0. 11	-9 787	-9 646	95 793 521	93 045 826
13	1 875	2 507	-0. 25	-9 047	-8 414	81 847 964	70 800 048
14	3 107	3 637	-0. 15	-7 815	-7 285	61 069 637	53 070 736
15	3 783	3 598	0. 05	-7 138	-7 324	50 954 848	53 640 777
16	3 808	4 013	-0. 05	-7 113	-6 908	50 601 263	47 724 283
17	4 115	6 241	-0. 34	-6 807	-4 680	46 328 666	21 906 298
18	5 812	6 136	-0. 05	-5 110	-4 785	26 109 713	22 896 670
19	5 080	5 587	-0. 09	-5 841	-5 334	34 122 730	28 452 905
20	6 549	7 467	-0. 12	-4 372	-3 454	19 118 463	11 932 026
21	3 169	5 144	-0. 38	-7 752	-5 778	60 097 015	33 379 581
22	2 650	3 595	-0. 26	-8 272	-7 327	68 417 984	53 682 386
23	38 281	47 860	-0. 20	27 359	36 939	748 528 208	1 364 472 253

续表

序号	净利润预测值（万元）	净利润实际值（万元）	偏离程度	预测值减实际值均值（万元）	实际值减实际值均值（万元）	（预测值减实际值均值）平方	（实际值减实际值均值）平方
24	24 513	23 400	0. 05	13 591	12 479	184 721 901	155 719 789
25	10 098	11 491	-0. 12	-824	570	678 328	324 596
26	3 566	4 056	-0. 12	-7 356	-6 866	54 107 594	47 138 337
27	1 006	1 022	-0. 02	-9 915	-9 900	98 310 526	98 006 366
28	25 201	24 267	0. 04	14 280	13 346	203 913 646	178 103 800
29	4 160	4 277	-0. 03	-6 762	-6 644	45 718 105	44 148 004
30	2 726	2 760	-0. 01	-8 196	-8 161	67 169 604	66 605 780
31	1 263	1 225	0. 03	-9 659	-9 697	93 294 667	94 024 758
32	2 169	2 662	-0. 19	-8 752	-8 259	76 600 067	68 212 674
33	3 831	5 198	-0. 26	-7 090	-5 723	50 275 140	32 757 610
34	4 005	3 735	0. 07	-6 916	-7 187	47 837 646	51 648 462
35	4 497	-13	-343. 50	-6 425	-10 935	41 274 412	119 566 493
36	4 445	2 286	0. 94	-6 477	-8 635	41 949 281	74 569 554
37	4 179	4 421	-0. 05	-6 742	-6 501	45 460 045	42 259 704
38	4 756	10 520	-0. 55	-6 166	-402	38 013 593	161 569
39	177	394	-0. 55	-10 745	-10 528	115 445 923	110 832 814
40	3 435	3 535	-0. 03	-7 486	-7 386	56 045 832	54 553 978
41	6 766	7 717	-0. 12	-4 156	-3 204	17 269 730	10 265 978
42	5 771	3 692	0. 56	-5 151	-7 229	26 530 395	52 259 113
43	29 518	32 833	-0. 10	18 596	21 911	345 811 720	480 096 459
44	6 009	8 000	-0. 25	-4 913	-2 922	24 136 060	8 537 362
45	654	716	-0. 09	-10 267	-10 205	105 414 502	104 142 973
46	17 594	28 373	-0. 38	6 672	17 451	44 517 233	304 546 251

续表

序号	净利润预测值（万元）	净利润实际值（万元）	偏离程度	预测值减实际值均值（万元）	实际值减实际值均值（万元）	（预测值减实际值均值）平方	（实际值减实际值均值）平方
47	7 812	12 553	-0. 38	-3 110	1 632	9 670 585	2 661 869
48	15 713	23 473	-0. 33	4 791	12 551	22 956 973	157 528 694
49	1 999	2 627	-0. 24	-8 923	-8 295	79 619 509	68 806 634
50	38 731	31 231	0. 24	27 810	20 309	773 386 286	412 456 844
51	30 683	15 665	0. 96	19 762	4 743	390 521 370	22 497 856
52	3 711	1 427	1. 60	-7 211	-9 495	51 993 711	90 146 412
53	4 705	10 393	-0. 55	-6 217	-528	38 646 444	279 224
54	2 050	2 051	0. 00	-8 872	-8 871	78 708 950	78 690 143
55	410	11	35. 12	-10 512	-10 910	110 492 188	119 031 732
56	2 097	322	5. 52	-8 825	-10 600	77 878 444	112 355 473
57	870	822	0. 06	-10 051	-10 100	101 024 339	102 005 686
58	44 401	45 369	-0. 02	33 479	34 448	1 120 872 471	1 186 656 681
59	6 974	7 079	-0. 01	-3 947	-3 843	15 579 570	14 767 930
60	6 055	7 076	-0. 14	-4 867	-3 846	23 687 557	14 787 997
61	2 267	2 397	-0. 05	-8 655	-8 525	74 907 579	72 671 302
62	4 189	5 250	-0. 20	-6 733	-5 672	45 329 471	32 166 099
63	908	1 264	-0. 28	-10 013	-9 658	100 262 301	93 267 624
64	7 234	7 481	-0. 03	-3 687	-3 440	13 596 745	11 835 777
65	3 554	2 614	0. 36	-7 368	-8 307	54 286 635	69 012 670
66	8 305	8 518	-0. 03	-2 617	-2 404	6 846 629	5 777 564
67	11 750	22 643	-0. 48	828	11 721	686 203	137 381 455
68	2 479	2 358	0. 05	-8 443	-8 564	71 281 318	73 339 123
69	4 443	4 623	-0. 04	-6 479	-6 298	41 971 564	39 669 672

续表

序号	净利润预测值（万元）	净利润实际值（万元）	偏离程度	预测值减实际值均值（万元）	实际值减实际值均值（万元）	（预测值减实际值均值）平方	（实际值减实际值均值）平方
70	2 347	4 501	−0. 48	−8 575	−6 420	73 526 105	41 220 849
71	59 788	61 645	−0. 03	48 867	50 723	2 387 942 988	2 572 841 350
72	6 734	7 732	−0. 13	−4 188	−3 189	17 538 225	10 172 632
73	3 824	7 546	−0. 49	−7 098	−3 376	50 377 863	11 394 044
74	2 750	3 531	−0. 22	−8 172	−7 390	66 773 681	54 619 438
75	38 984	88 160	−0. 56	28 063	77 239	787 505 228	5 965 829 685
76	11 204	19 116	−0. 41	282	8 195	79 644	67 152 183
77	4 137	4 899	−0. 16	−6 784	−6 023	46 027 764	36 274 438
78	1 054	1 097	−0. 04	−9 867	−9 824	97 360 974	96 520 534
79	5 000	5 640	−0. 11	−5 922	−5 281	35 064 357	27 890 191
80	2 866	3 145	−0. 09	−8 055	−7 777	64 883 773	60 481 518
81	1 399	1 352	0. 03	−9 523	−9 570	90 680 414	91 582 152
82	4 729	−2 218	−3. 13	−6 193	−13 139	38 347 260	172 635 067
83	5 528	10 891	−0. 49	−5 394	−31	29 090 020	934
84	3 477	3 538	−0. 02	−7 444	−7 384	55 418 741	54 516 463
85	678	881	−0. 23	−10 244	−10 040	104 938 029	100 803 737
86	15 624	12 532	0. 25	4 702	1 611	22 108 743	2 594 591
87	11 262	23 805	−0. 53	341	12 883	116 208	165 975 645
88	30 707	3 636	7. 44	19 786	−7 285	391 483 958	53 072 193
89	4 388	4 080	0. 08	−6 534	−6 841	42 689 581	46 803 474
90	5 777	5 354	0. 08	−5 144	−5 568	26 463 889	30 997 462
91	1 108	2 620	−0. 58	−9 814	−8 302	96 308 049	68 921 319
92	47 953	47 746	0. 00	37 032	36 825	1 371 332 996	1 356 047 744

续表

序号	净利润预测值（万元）	净利润实际值（万元）	偏离程度	预测值减实际值均值（万元）	实际值减实际值均值（万元）	（预测值减实际值均值）平方	（实际值减实际值均值）平方
93	7 133	6 587	0.08	-3 789	-4 334	14 354 372	18 784 652
94	6 392	6 821	-0.06	-4 530	-4 101	20 517 335	16 814 235
95	2 912	2 432	0.20	-8 010	-8 490	64 158 762	72 074 267
96	7 007	8 429	-0.17	-3 914	-2 492	15 321 717	6 212 040
97	1 181	1 515	-0.22	-9 740	-9 406	94 868 505	88 480 482
98	1 729	2 022	-0.14	-9 192	-8 899	84 500 152	79 195 341
99	540	873	-0.38	-10 382	-10 048	107 786 266	100 967 056
100	9 242	9 523	-0.03	-1 679	-1 398	2 820 372	1 954 813
101	18 188	20 658	-0.12	7 267	9 736	52 804 545	94 791 128
102	4 079	4 313	-0.05	-6 842	-6 608	46 815 105	43 669 978
103	11 807	7 370	0.60	886	-3 551	784 223	12 610 712
104	11 269	26 521	-0.58	347	15 600	120 668	243 355 431
105	2 635	2 430	0.08	-8 286	-8 492	68 661 217	72 109 928
106	5 298	5 679	-0.07	-5 624	-5 243	31 628 099	27 488 068
107	5 297	-138	-39.46	-5 625	-11 059	31 640 698	122 306 932
108	5 688	-627	-10.07	-5 233	-11 548	27 387 182	133 367 770
109	147 032	245 435	-0.40	136 110	234 514	18 526 047 399	54 996 663 083
110	57 065	65 371	-0.13	46 143	54 449	2 129 174 931	2 964 702 700
111	11 197	11 622	-0.04	276	701	75 990	490 789
112	11 209	8 985	0.25	287	-1 936	82 360	3 748 392
113	7 718	6 866	0.12	-3 204	-4 056	10 263 735	16 448 998
114	4 365	4 695	-0.07	-6 556	-6 226	42 981 876	38 765 647
115	8 015	9 020	-0.11	-2 907	-1 901	8 450 163	3 613 902

续表

序号	净利润预测值（万元）	净利润实际值（万元）	偏离程度	预测值减实际值均值（万元）	实际值减实际值均值（万元）	（预测值减实际值均值）平方	（实际值减实际值均值）平方
116	17 992	21 537	-0. 16	7 071	10 616	49 994 283	112 695 073
117	2 087	1 400	0. 49	-8 835	-9 522	78 055 219	90 663 016
118	6 343	6 396	-0. 01	-4 579	-4 526	20 966 751	20 481 747
119	15 624	12 532	0. 25	4 702	1 611	22 108 743	2 594 590
120	38 747	16 352	1. 37	27 825	5 431	774 238 057	29 494 605
121	16 563	16 991	-0. 03	5 642	6 069	31 827 578	36 833 290
122	3 491	2 905	0. 20	-7 431	-8 017	55 218 371	64 269 506
123	3 904	16 005	-0. 76	-7 018	5 084	49 249 327	25 846 376
124	2 014	2 928	-0. 31	-8 907	-7 993	79 337 436	63 888 472
125	2 893	4 191	-0. 31	-8 029	-6 731	64 460 770	45 300 929
126	1 755	2 905	-0. 40	-9 166	-8 017	84 021 907	64 271 270
127	1 305	1 467	-0. 11	-9 617	-9 455	92 482 197	89 389 205
128	1 621	1 807	-0. 10	-9 301	-9 115	86 499 606	83 076 051
129	349	564	-0. 38	-10 573	-10 357	111 778 104	107 274 833
130	9 953	9 000	0. 11	-969	-1 922	938 198	3 692 225
131	12 010	9 809	0. 22	1 089	-1 113	1 185 036	1 237 737
132	6 302	63 458	-0. 90	-4 619	52 536	21 336 606	2 760 082 104
133	13 536	105	127. 75	2 614	-10 816	6 832 962	116 994 216
134	42 147	43 036	-0. 02	31 226	32 115	975 053 306	1 031 359 965
135	20 931	25 060	-0. 16	10 009	14 138	100 185 357	199 890 496
136	4 800	6 215	-0. 23	-6 122	-4 707	37 472 964	22 155 062
137	13 666	17 915	-0. 24	2 744	6 993	7 529 830	48 906 574
138	2 292	2 125	0. 08	-8 630	-8 796	74 470 280	77 373 952

续表

序号	净利润预测值（万元）	净利润实际值（万元）	偏离程度	预测值减实际值均值（万元）	实际值减实际值均值（万元）	（预测值减实际值均值）平方	（实际值减实际值均值）平方
139	12 800	10 565	0. 21	1 878	-357	3 528 700	127 175
140	5 683	3 674	0. 55	-5 239	-7 248	27 446 350	52 530 118
141	30 493	31 463	-0. 03	19 571	20 541	383 034 748	421 945 152
142	7 353	7 013	0. 05	-3 569	-3 908	12 734 310	15 276 110
143	24 681	24 364	0. 01	13 760	13 443	189 331 643	180 711 656
144	604	755	-0. 20	-10 318	-10 166	106 458 987	103 356 837
145	14 980	20 236	-0. 26	4 058	9 314	16 470 315	86 753 084
146	21 051	58 198	-0. 64	10 129	47 277	102 601 372	2 235 087 644
147	25 135	28 665	-0. 12	14 214	17 744	202 032 496	314 842 564
148	-71	-355	-0. 80	-10 993	-11 277	120 835 418	127 164 108
149	-131	273	-1. 48	-11 052	-10 648	122 156 572	113 381 532
150	4 603	2 084	1. 21	-6 318	-8 838	39 923 397	78 103 818
151	3 605	4 645	-0. 22	-7 317	-6 277	53 531 413	39 399 303
152	3 625	1 442	1. 51	-7 297	-9 480	53 239 882	89 861 232
153	3 989	3 867	0. 03	-6 932	-7 054	48 057 982	49 764 227
154	15 000	8 421	0. 78	4 078	-2 501	16 634 028	6 252 583
155	1 792	355	4. 05	-9 129	-10 567	83 344 967	111 655 708
156	2 544	3 218	-0. 21	-8 377	-7 703	70 179 934	59 338 003
157	9 933	1 606	5. 18	-988	-9 315	977 105	86 773 816
158	614	121	4. 09	-10 307	-10 801	106 244 277	116 657 636
159	52	84	-0. 38	-10 870	-10 838	118 152 040	117 452 630
160	1 668	1 762	-0. 05	-9 254	-9 160	85 627 382	83 904 069
161	2 286	1 327	0. 72	-8 635	-9 595	74 571 281	92 057 049

续表

序号	净利润预测值（万元）	净利润实际值（万元）	偏离程度	预测值减实际值均值（万元）	实际值减实际值均值（万元）	（预测值减实际值均值）平方	（实际值减实际值均值）平方
162	4 785	2 987	0. 60	-6 136	-7 934	37 654 257	62 953 060
163	8 837	-36	-248. 19	-2 085	-10 957	4 345 834	120 061 655
164	8 767	7 419	0. 18	-2 154	-3 502	4 641 553	12 265 520
165	11 604	19 386	-0. 40	683	8 465	466 289	71 653 068
166	2 621	1 533	0. 71	-8 300	-9 389	68 896 581	88 144 241
167	4 491	4 762	-0. 06	-6 430	-6 160	41 351 156	37 942 230
168	4 372	4 816	-0. 09	-6 550	-6 106	42 898 655	37 278 674
169	2 450	3 122	-0. 22	-8 472	-7 799	71 766 591	60 829 961
170	7 397	9 039	-0. 18	-3 524	-1 883	12 420 243	3 543 943
171	4 848	3 087	0. 57	-6 073	-7 835	36 882 622	61 382 155
172	4 615	5 008	-0. 08	-6 306	-5 914	39 766 726	34 970 859
173	8 105	3 613	1. 24	-2 817	-7 308	7 935 525	53 412 512
174	5 000	3 812	0. 31	-5 922	-7 110	35 066 607	50 545 651
175	1 822	332	4. 49	-9 099	-10 589	82 795 558	112 136 376
176	545	162	2. 36	-10 377	-10 759	107 679 150	115 761 169
177	892	898	-0. 01	-10 030	-10 023	100 599 625	100 467 274
178	2 139	423	4. 05	-8 782	-10 498	77 124 340	110 209 399
179	4 594	3 199	0. 44	-6 328	-7 722	40 041 514	59 629 847
180	4 901	7 974	-0. 39	-6 020	-2 948	36 240 959	8 688 737
181	4 100	4 146	-0. 01	-6 822	-6 775	46 533 087	45 901 796
182	8 387	10 454	-0. 20	-2 535	-468	6 425 244	218 674
183	3 584	134	25. 82	-7 337	-10 788	53 834 598	116 378 494
184	1 595	463	2. 44	-9 327	-10 458	86 990 811	109 374 291

续表

序号	净利润预测值（万元）	净利润实际值（万元）	偏离程度	预测值减实际值均值（万元）	实际值减实际值均值（万元）	（预测值减实际值均值）平方	（实际值减实际值均值）平方
185	19 823	7 029	1.82	8 902	-3 892	79 237 478	15 151 529
186	4 348	7 848	-0.45	-6 574	-3 073	43 211 381	9 445 335
187	3 856	3 864	0.00	-7 066	-7 058	49 927 175	49 814 467
188	3 295	5 261	-0.37	-7 626	-5 660	58 159 940	32 040 654
189	22 615	47 877	-0.53	11 694	36 956	136 739 429	1 365 731 416
190	12 214	12 600	-0.03	1 292	1 678	1 669 816	2 817 307
191	2 090	2 090	0.00	-8 831	-8 832	77 991 974	78 003 455
192	1 604	1 639	-0.02	-9 318	-9 282	86 819 653	86 163 626
193	3 840	2 471	0.55	-7 082	-8 451	50 147 875	71 413 087
194	24 124	27 027	-0.11	13 203	16 105	174 316 926	259 373 072

说明：净利润预测值数据来源于上市公司并购重组资产评估报告，净利润实际值数据来源于并购重组完成后财务报告中披露的目标企业净利润发生额。

致　谢

本书完成之际，首先衷心感谢我的导师刘玉平教授，他学术水平出众，更是为人师表的典范。今后不论我走到哪里，都会将刘老师的谆谆教导铭记于心。我还要感谢在本书撰写过程中为我提出宝贵建议的，来自高校、资产评估中介机构以及金融机构的老师和朋友们。感谢在工作和生活上给予我帮助的同事们，感谢我的学生魏梦瑶、韩天艺、于河清、晁昊、贺欢、郭腾等，他们参与了部分基础资料的搜集工作。感谢首都经济贸易大学出版社为本书的出版所付出的辛勤劳动，感谢各位编辑对本书的用心设计和仔细校对。最后，特别感谢我的家人对我的支持！

张晓慧

2021 年 4 月